U0101417

　　本丛书得到国家社科基金重大项目《把握经济发展趋势性特征，加快形成引领经济发展新常态的体制机制和发展方式研究》（批准号 15ZDC009）和深圳市人民政府委托重大项目《加快发展新经济的体制机制问题：中国发展新经济的问题与对策研究》的资助

国家出版基金项目
NATIONAL PUBLICATION FOUNDATION

中国改革新征途：
体制改革与机制创新丛书

A New Journey in China's Reform:
A Collection of System Reform and Mechanism Innovation

中国制造业的转型升级

The Transformation and Upgrading of
China's Manufacturing Industry

王春艳 ◎著

人民出版社

策划编辑：郑海燕
责任编辑：张　燕
封面设计：林芝玉
责任校对：周晓东

图书在版编目(CIP)数据

中国制造业的转型升级/王春艳 著. —北京：人民出版社,2018.6(2019.4 重印)
(中国改革新征途:体制改革与机制创新丛书)
ISBN 978－7－01－019243－7

Ⅰ.①中…　Ⅱ.①王…　Ⅲ.①制造工业-产业发展-研究-中国
　Ⅳ.①F426.4

中国版本图书馆 CIP 数据核字(2018)第 077485 号

中国制造业的转型升级
ZHONGGUO ZHIZAOYE DE ZHUANXING SHENGJI

王春艳　著

人民出版社 出版发行
(100706　北京市东城区隆福寺街99号)

北京盛通印刷股份有限公司印刷　新华书店经销

2018 年 6 月第 1 版　2019 年 4 月北京第 2 次印刷
开本:710 毫米×1000 毫米 1/16　印张:11.75
字数:136 千字

ISBN 978－7－01－019243－7　定价:48.00 元

邮购地址 100706　北京市东城区隆福寺街 99 号
人民东方图书销售中心　电话 (010)65250042　65289539

总　　序

　　一部中国改革史,其实也是一部制度和体制机制变迁的历史。在中国经济进入新常态的大环境下,制度改革、制度创新和体制机制变迁的作用更加凸显。党的十八大以来,以习近平同志为核心的党中央强调,"摆在我们面前的一项重大历史任务,就是推动中国特色社会主义制度更加成熟更加定型,为党和国家事业发展、为人民幸福安康、为社会和谐稳定、为国家长治久安提供一整套更完备、更稳定、更管用的制度体系"。① "到二〇二〇年,在重要领域和关键环节改革上取得决定性成果,完成本决定提出的改革任务,形成构建系统完备、科学规范、运行有效的制度体系,使各方面制度更加成熟更加定型"②,推进国家治理体系和治理能力现代化。党的文献中首次出现并重点强调"制度体系""制度定型"的概念,让世界看到新一轮改革的制度取向。

　　今天中国的改革,已经进入以强化制度建设为核心的全面深化改革阶段。"制度改革"始终聚焦重要领域和关键环节,"制度创新"始终注重顶层设计和配套衔接,综合部署"弹钢琴",使一系列制度体系愈加成熟定型。改革不是单个领域体制的调整和修补,而是各方面体制

---

① 《习近平谈治国理政》,外文出版社 2014 年版,第 104—105 页。
② 《十八大以来重要文献选编》(上),中央文献出版社 2014 年版,第 514 页。

与制度的创新;不是某个领域体制改革的单向推进,而是各领域、各层次的系统推进;不是止步于改革体制机制,而是要着眼于制度聚合与集成,形成总体性的制度成果和制度文明。以制度建设巩固改革开放的成果,以制度创新激发社会活力,增进全体人民福祉,这是全面深化改革不遗余力推进制度创新的深层逻辑。

我国仍然处在社会主义初级阶段,在跨越"中等收入陷阱"的进程中,完善社会主义市场经济体制具有特殊的紧迫性。经济发展进入新常态以来,党中央、国务院提出了供给侧结构性改革的战略部署,核心要义是优化制度供给,形成引领经济发展新常态的好的体制机制。可以说,本套丛书的研究也契合了制度供给侧改革的理论和实践,并得到了国家社会科学基金重大项目《把握经济发展趋势性特征,加快形成引领经济发展新常态的体制机制和发展方式研究》(编号 15ZDC009)的资助。

党的十八大以来,党和国家的事业发生历史性转变,我国发展站到了新的历史起点上,中国特色社会主义进入了新的发展阶段。党的十九大开启中国发展的新篇章,社会主义现代化强国建设的新征程拉开大幕,客观上要求中国特色社会主义制度体系更加成熟定型。本套丛书意在为推进我国重要领域和关键环节的制度建设,提高国家治理能力现代化提供有益借鉴。

张占斌

2017 年 8 月

于国家行政学院

目 录

导　　论

第一节　制造业转型升级的重大战略意义

制造业是国民经济的主体,是立国之本、兴国之器、强国之基。放眼世界,一国制造业的水平决定着该国在世界上的地位。老牌资本主义国家英国依靠工业革命率先成为世界工厂;美国靠强大的现代工业成为世界第一大经济体;德国和日本靠强劲的工业体系成为制造业强国,在第二次世界大战后迅速崛起;中国借改革开放的东风和全球化的机遇,在新一轮的全球竞争中成为世界制造工厂,并成为第二大经济体。没有强大的制造业,就没有国家和民族的强盛。

一、应对新一轮科技革命和产业变革的战略选择

新一轮科技革命和产业变革以新一代信息技术与制造业的深度融合为主要特征,对全球制造业影响深远,导致制造技术、制造模式、生产方式、产业业态的深刻变革,使未来制造业向数字化、网络化、智能化、服务化、绿色化的新趋势转化。诸如大数据、云计算、工业互联网、增材制造等新技术将重构制造系统,生产者、服务者与消费者在开放的网络

平台上互动交流,大众化趋同的消费模式逐渐被个性化趋异的消费模式取代,大规模标准化的生产方式逐渐被小批量定制化的生产方式取代,一般技能劳动力逐渐被知识型劳动力取代,以信息物理系统为基础的智能工厂、智能生产将成为未来制造的主要模式。

新技术导致制造业产品的复杂程度不断提高,消费者越来越依赖生产者提供的服务以确保良好的消费体验,研发设计者也越来越需要及时捕捉消费者的偏好变化以适应瞬息万变的市场,这客观上促进了制造业和服务业的融合,促使产业价值链逐渐由生产环节向研发设计和营销服务等高端环节转移。产业形态也逐步从生产型制造向服务型制造转变,生产服务业创造价值的能力越来越强;而网络众包、网络协同生产、在线设计、大规模个性化定制以及精准供应链管理等新模式也将重塑企业竞争新优势,全产业链管理、生命周期管理、互联网金融、电子商务等正加速推进制造企业向"微笑曲线"两端延伸。新一轮科技革命与产业变革是中国制造业发展的重大机遇,一系列新技术、新业态、新模式正推动制造的生产、管理和营销模式的深刻变革,也对中国制造业转型升级提出了更高要求。在新的战略机遇期基于中国制造业发展的实际,系统研究制造业转型升级问题,以主动适应世界科技革命、产业变革新趋势,具有重大现实意义。

二、适应全球制造业格局大调整的迫切需要

技术创新和产业变革终将改变全球各国经济力量的对比,重构全球制造发展格局,在此背景下,世界各国纷纷重塑发展理念、调整失衡结构、构建竞争新优势,特别是 2008 年国际金融危机以来,制造业再次成为世界各国竞相争夺的制高点。中国制造业正面临发达国家高端制造业回流与发展中国家中低端制造业分流的双向挤压困境:一方面,发

达国家纷纷出台再工业化战略,以促进制造业复兴或继续保持制造业的统治地位,如美国发布《先进制造业伙伴计划》和《制造业创新网络计划》,德国提出"工业4.0",日本发布《2014制造业白皮书》以及英国发布《英国制造2050》等。目前,一些制造企业已开始向发达国家回流,如苹果电脑回到美国本土设厂生产,夏普将在本土生产更多的液晶电视和冰箱,日本松下逐渐将立式洗衣机与微波炉从中国转移到本土生产等。另一方面,以越南、印度、印度尼西亚为代表的一些发展中国家则以更低的要素成本优势和资源优势,吸引更多的劳动密集型制造业向其转移,成为中低端制造业的主要承接地。典型的例子如微软关停诺基亚在东莞的工厂,并把部分生产能力转到越南河内,而三星、富士康等电子生产制造企业纷纷在印度等国家开办新厂。中国制造业唯有顺应全球制造业格局重新调整的大趋势,积极推进转型升级,才能在成本"地板"不断上升的压力下,突破上层的技术"天花板",实现产业结构从中低端向中高端的跃升。

三、顺应经济发展新常态的客观要求

当前我国经济发展进入新常态,表现为增长速度从高速转为中高速、发展方式由规模速度型转向质量集约型、产业结构由中低端迈向中高端、增长动力由要素驱动转向创新驱动。在这一经济结构优化升级的关键期,制造业的支撑作用显得尤为重要,改革开放以来,依靠低成本优势,我国制造业快速融入世界产业分工体系,并迅速占据产业链的低端制造环节,成为我国经济高速增长的重要动力。据统计,近年来我国制造业对经济增长的贡献率基本保持在40%,工业制成品出口占全国货物出口总量的比例达到90%以上,是拉动投资、带动消费、增加出口的重要领域。但近三十年经济的高速增长和产业规模的迅速扩张,

使制造业发展所需的资源能源短缺,生态环境被破坏,各类要素成本急剧上升。

资源能源短缺表现为人均淡水仅为世界平均水平的 28%,耕地资源仅为世界平均水平的 40%,森林资源仅为世界平均水平的 25%,一些矿产资源的人均储量占世界人均水平的比例也很低,如石油人均储量仅占 7.7%,铁矿石人均储量占 17%;生态环境遭到严重破坏,环境矛盾比较突出,据环保部《2016 中国环境状况公报》的数据显示,2016 年,全国 338 个地级及以上城市中有 254 个城市环境空气质量超标,即有 75.1%的城市达不到新的环境空气质量标准,全国有分布在 1/4 的国土面积上的约 6 亿人遭受雾霾天气影响,水体污染和土壤污染问题也日益凸显;各类要素成本急剧上升,我国制造业在劳动力、土地、能源、税费等各方面的成本优势进一步削弱,主要依靠低成本获利的"中国制造"正逐渐失去竞争力。2011—2014 年,我国规模以上制造业主营业务成本年均增速为 12.7%,明显高于制造业主营业务收入增速 12.2%和制造业利润总额增速 6.5%。[①] 在总成本构成中,劳动力、融资、税负等成本增长尤为突出,其中城镇制造业就业人员平均工资从 2005 年的 15748 元增长到 2015 年的 55915 元,年均增长 13.51%。2005—2014 年,我国制造业全员劳动生产率年均增长 6.1%,制造业工资增长速度超过了劳动生产率增长速度,使制造业单位劳动力成本出现加速上涨的势头。2010—2013 年制造业单位劳动力成本增长了 37%。[②] 在多种要素约束日益趋紧的情况下,制造业粗放式的发展道

①　国家发展和改革委员会产业经济与技术经济研究所课题组:《降低我国制造业成本的关键点和难点研究》,《经济纵横》2016 年第 4 期,第 15 页。

②　蔡昉、都阳:《积极应对我国制造业单位劳动力成本过快上升问题》,《前线》2016 年第 5 期,第 25 页。

路越来越无以为继,在制造业新旧动能转换的重要关口,我国制造业必须加快转型升级步伐,以促进经济发展换挡不失速,推动产业结构迈向中高端。

四、深化供给侧结构性改革的应有之义

供给侧结构性改革是党中央提出的适应和引领经济新常态的战略任务和政策方向。"十三五"时期,中国制造业发展的关键是深化供给侧结构性改革,而深入贯彻落实《中国制造2025》,加快推进制造业转型升级,逐步形成有效的制造强国的体制机制,实现制造业增长新旧动能转换,正是供给侧结构性改革的应有之义。作为供给侧结构性改革的主战场,制造业面临供给结构不适应需求结构变化的问题。企业层面表现为:企业产品结构无法适应消费结构的变化,低品质、大众化、低附加值产品过剩,高品质、个性化、高附加值产品不足;资源配置结构不合理,大量优质要素被扭曲配置到"僵尸企业",优质企业数量不足,民营企业投融资仍面临诸多障碍;企业所有制结构不合理,国有企业改革任重道远,公平竞争的市场环境有待建立完善。产业层面表现为:产业链长期处于国际分工体系的低端环节,高级化程度不够,亟须从低附加值环节向高附加值环节转型升级;以重化工主导的资源型产业、资金密集型产业占比过大,产能过剩问题突出,新一代信息技术、高端装备、新材料等技术密集型产业还有待进一步提升;产业间融合度不够,制造业与服务业的融合程度、工业化和信息化的融合程度仍有待提高。区域层面表现为:中国制造业的国内外产业配置结构不尽合理,"走出去"程度与中国制造的发展需要不适应,中国制造的国际化程度有待提升、利用全球资源的发展战略还需完善;中国制造业国内区域协调发展水平不高,区域发展差距较大,产业区域梯度转移力度需要加强,

区域专业化分工需进一步提高,区域之间生产要素的自由流动仍存在壁垒。要解决企业、产业、区域这三个层面的供给结构的问题,就需要推进制造业在每个层面的转型升级,深化制造业的供给侧结构性改革。

本书基于以上现实需求,在系统梳理中国制造业转型升级历史轨迹、全面分析中国制造业面临的问题、准确研判中国制造业转型升级未来趋势的基础上,凝练中国制造业转型升级的内涵、模式和动力机制,探究符合《中国制造2025》战略指向的制造业转型升级的实施路径与支撑体系,破解中国制造业转型升级的难题,是新时期中国经济发展面临的重大课题。对中国制造向中国创造转变、中国速度向中国质量转变、中国产品向中国品牌转变、制造大国向制造强国转变,具有重大的战略意义。

第二节　国内外研究现状

一、中国制造业转型升级的宏观背景、现状评析与政策措施

针对每个发展阶段面临的新问题、新情况,循着背景转换、现状评析、问题梳理、对策建议这样的思路研究中国制造业转型升级的文献很多。江小涓[①](2005)认为,我国产业结构优化升级面临新的环境和挑战,存在自主创新不足、资源能源消耗高、从国外引进先进技术难度加大等问题,推进产业结构优化升级需要提高自主创新能力,增强以我为

---

① 江小涓:《产业结构优化升级:新阶段和新任务》,《财贸经济》2005 年第 4 期,第 3 页。

主组合利用全球科技资源的能力,加快基础产业和基础设施建设等。
金碚等①(2011)认为,中国工业已经进入必须依靠转型升级推动发展
的新阶段,转型升级面临传统要素禀赋的比较优势减弱,重化工业粗放
发展与能源和环境的矛盾突出,产能过剩问题严重,制造业向全球价值
链高端攀升缓慢,自主创新对结构转型升级的支撑不足等问题,提出深
化体制改革、完善产业政策、遏制和治理产能过剩、优化产业组织、强化
技术创新、健全节能减排等对策建议。王岳平②(2008)认为,我国产业
结构的主要矛盾已经由过去三大产业的不协调问题转变为研发设计、
供应链管理、品牌培育、营销体系、售后服务等产业链高端环节滞后问
题,迫切需要由成本竞争转向质量、品牌和服务的竞争,要强化功能性
产业政策,加速推进产业结构优化升级。杨丹辉③(2005)认为,随着中
国制造业的高速增长和总量扩张,全球制造中心的地位日渐凸显,但是
中国制造业的国际竞争优势仍主要体现在制造成本的比较优势上,中
国出口竞争力较强的产品仍以劳动密集型产品和低附加值的高技术产
品为主。蔡昉等④(2009)从经验上实证了中国沿海地区已经发生了要
素禀赋结构的巨大变化,但中西部地区仍然具有传统的要素禀赋结构
上的比较优势,指出中国的产业结构升级可以通过产业在东中西部三
类地区的重新布局,即通过沿海地区的产业升级、转移与中西部地区的

---

①　金碚、吕铁、邓洲:《中国工业结构转型升级:进展、问题与趋势》,《中国工业经济》
2011 年第 2 期,第 5—15 页。

②　王岳平:《促进我国产业结构优化升级的着力点》,《宏观经济研究》2008 年第 11
期,第 50 页。

③　杨丹辉:《中国成为"世界工厂"的国际影响》,《中国工业经济》2005 年第 9 期,第
42—49 页。

④　蔡昉、王德文、曲玥:《中国产业升级的大国雁阵模型分析》,《经济研究》2009 年
第 9 期,第 4—14 页。

产业承接来实现。林玉伦[1](2010)认为,自改革开放以来,中国的制造业在总量、生产效率、国际市场占有率等方面都已经取得显著的成就,但在制造业增加值、全球制造业 500 强企业数、制造业劳动生产率、制造业国际竞争力方面与世界制造强国仍存在很大差距,必须通过创新来推动中国制造业的转型升级。沈坤荣等[2](2014)认为,中国产业结构在一定程度上被低估,但总体上仍处于较低的水平,思维僵化、路径依赖、体制障碍是中国产业转型升级的主要障碍。洪银兴[3](2014)认为,我国的产业结构已由外需型结构转为内需型结构,产业结构转型升级需要推动战略性新兴产业、先进制造业的发展和加快传统产业转型升级。吕政[4](2015)认为,中国制造业在物化劳动消耗、劳动生产率、国际知名品牌、创新能力、在国际分工体系中的地位和高附加价值的技术密集型产品供给能力等方面,与工业发达国家仍然存在较大差距,中国制造业结构调整升级需要"高也成、低也就",既要发展劳动密集型产业,又要发展战略性新兴产业。柳百成[5](2015)认为,我国虽然早在 2011 年就已超过美国成为世界第一制造大国,但远远不是制造强国,制造技术薄弱,人均研发投入只有德国的 18%、美国的 22%、日本的 36%,低端过剩,高端尚未形成,核心共性技术缺乏、资源浪费、污染严重等问题突出,必须顺应国际先进制造业发展趋势,发展高技术含量的

① 林玉伦:《中国制造业现状与国际比较研究》,《华北电力大学学报》(社会科学版)2010 年第 3 期,第 32—37 页。

② 沈坤荣、徐礼伯:《中国产业结构升级:进展、阻力与对策》,《学海》2014 年第 1 期,第 91—99 页。

③ 洪银兴:《产业结构转型升级的方向和动力》,《求是学刊》2014 年第 1 期,第 57—62 页。

④ 吕政:《中国经济新常态与制造业升级》,《财经问题研究》2015 年第 10 期,第 3 页。

⑤ 柳百成:《中国制造业现状及国际先进制造技术发展趋势》,《世界制造技术与装备市场》2015 年第 4 期,第 42—51 页。

制造技术、数字化智能化制造技术、超大型微纳化技术。李俊等[1]（2016）通过测算 2014 年我国出口制品的显性比较优势指数（RCA），并与 2010 年进行对比，发现欧美再工业化背景下的四年间，劳动密集型产业的比较优势指数逐渐减弱，中等技术产品比较优势指数基本不变但出口份额增加，高端制造业比较优势指数呈现波动，有减弱趋势，认为制造业转型升级需要延长我国传统制造业比较优势周期，弥补高端制造的弱势和发展区域比较优势。郑立伟[2]（2015）从质量安全、质量发展和质量基础三个维度构建了制造质量强国指标体系，并对不同国家制造业质量发展现状进行了测量和分析，认为美国处于第一阵营，德国、日本等国家处于第二阵营，中国、巴西、印度处于第三阵营，总体来看，中国与发达国家的相对差距在缩小，但绝对差距仍然很大。

尽管研究角度各不相同，但上述文献多从宏观角度论述了这样的命题：中国制造业发展的内外环境已经发生重大变化，制造业大而不强，低端过剩、高端不足的结构性问题非常突出，与世界制造强国存在明显差距，迫切需要通过各种政策措施推进制造业的转型升级。

二、制造业转型升级的内涵、驱动机制与升级路径

早期的国内外文献多从产业结构视角来阐述产业的转型升级，迈克尔·波特[3]（2002）、胡梅尔斯（Hummels）[4]（2001）等学者认为，产业

---

① 李俊、胡峰：《欧美再工业化五年后中国制造业比较优势现状、原因及对策》，《经济问题探索》2016 年第 6 期，第 80—84 页。

② 郑立伟：《制造质量强国指标体系研究》，《中国工程科学》2015 年第 7 期，第 76—82 页。

③ ［美］迈克尔·波特：《国家竞争优势》，李明轩、邱如美译，华夏出版社 2002 年版，第 23 页。

④ Hummels, D., "The Nature and Growth of Vertical Specialization in World Trade", *Journal of International Economics*, Vol.5, 2001, pp.75-96.

升级是随着资本相对于劳动和其他要素禀赋更加丰富时,一国在资本和技术密集型产业发展方面就具备了比较优势,通过要素在产业间的移动实现转型升级。吴崇伯[①](1998)是国内较早研究产业转型升级内涵的学者,他指出产业升级就是产业结构的升级换代,是劳动密集型产业迅速淘汰,技术与知识密集型行业逐渐兴起的过程。李培育[②](2003)通过需求分析,认为比较优势理论在落后地区产业升级中具有局限性,竞争优势有更大适应性,认为基于市场需求的竞争优势的形成是推动产业结构调整与升级的动力。蔡昉等[③](2009)认为,中国制造业升级具有明显的区域性特征,由于不同地区之间存在资源禀赋和发展阶段的差异,因此,在中国这样的大国,"雁阵模式"可以成为中国各个地区之间产业转移的路径,这种梯度产业转移使东部先行发展地区的产业结构由劳动密集型产业向技术密集型产业升级,中西部地区通过承接部分劳动密集型产业实现产业结构的升级,"雁阵模式"成为促进中国制造业整体转型升级的路径之一。傅耀[④](2008)强调了产业政策在产业升级中的核心作用,认为产业结构转换的主要标志是主导产业的更替,而产业政策就是要在不同的发展时期选择合适的主导产业予以支持,在这里,产业升级仍然指从劳动密集型产业向资本、技术密集型产业转变的产业间升级。

20 世纪 90 年代末期,产业(转型)升级出现了有别于产业结构调整视角的研究文献,认为产业升级就是价值链升级,指在全球价值链分

---

① 吴崇伯:《论东盟国家的产业升级》,《亚太经济》1998 年第 1 期,第 26—30 页。

② 李培育:《落后地区产业升级战略中的需求分析》,《管理世界》2003 年第 7 期,第 76—89 页。

③ 蔡昉、王德文、曲玥:《中国产业升级的大国雁阵模型分析》,《经济研究》2009 年第 9 期,第 4—14 页。

④ 傅耀:《产业升级、贸易政策与经济转型》,《当代财经》2008 年第 4 期,第 73—79 页。

工中,产业由低技术水平、低附加值环节向高技术水平、高附加值环节演变,价值链升级不同于产业结构视角的升级。关注点从结构比例的变化转向价值增值的变化,认为一国或地区的产业只是全球价值链的一部分,产业升级指的是一国或地区的产业由价值链低端环节向价值链高端环节攀升,或者由劳动密集型产业链向资本技术密集型产业链的不同链条间的攀升过程。可见,价值链视角的产业升级摒弃了以往产业结构视角的观点,认为产业升级不仅是统计意义上的产业结构变迁以及产业间的比例变化,更为重要的是所嵌入链条的位置以及增值情况,价值链位置的提升和价值增加背后是企业利润、国家税收、劳动者收入、企业品牌、国家形象以及自然环境等一系列内外条件的改善。杰瑞菲(Gereffi)①(1999)用价值链升级思路对东亚服装产业升级问题进行了研究,认为产业价值链升级经历进口产品组装(OEA)、原始设备制造商(OEM)、原始设计制造商(ODM)、原始品牌制造商(OBM)四个阶段,提出生产驱动型和消费驱动型两种价值链升级形式:生产驱动型升级主要存在于汽车、飞机等装备制造行业或计算机、半导体等电子制造行业,升级的动力主要在于供给端的技术进步;消费驱动型升级主要存在于服装鞋帽、玩具等消费品行业,升级的动力主要在于需求端偏好的变化。卡普林斯基(Kaplinsky)②(2000)指出,产业升级研究需要深入了解全球价值链动态因素,全球价值链收益的根本来源是多种优势禀赋带来的经济租。汉弗莱和施密茨(Humphrey 和 Schmitz)③(2002)认为,

---

① Gereffi,G.,"International Trade and Industrial Upgrading in the Apparel Commodity Chain",*Journal of International Economics*,Vol.48,1999,pp.37−70.

② Kaplinsky, R., "Globalization and Unequalisation:What Can Be Learned from ValueChain Analysis?",*Journal of Development Studies*,Vol.37,No.2,2000,pp.117−146.

③ J.Humphrey, H.Schmitz,"How Does Insertion in Global Value Chains Affect Upgrading in Industrial Clusters?",*Regional studies*,Vol.36,No.9,2002,pp.1017−1027.

制造业升级有工艺升级、产品升级、功能升级和价值链间升级四种模式,而价值链间升级可以认为就是跨产业升级即产业结构调整。

上述文献为价值链视角下的制造业转型升级研究奠定了基础,循着这一思路的国内研究越来越多:孙自铎①(2003)认为,产业升级不应过于笼统,应由产业升级转向产品和技术升级。张耀辉②(2002)指出,产业升级的真正含义应是高附加值产业代替低附加值产业的过程,也是产业创新与产业替代的过程。潘悦③(2002)认为,跨国公司主导全球范围内产业价值链的布局,使发展中国家的产业从劳动密集型环节向资本技术密集型环节的转型升级呈现出典型的阶梯状演进过程:从最终产品的加工、组装生产和出口,到零部件的分包生产和出口,到中间产品的生产和出口,再到国外品牌产品的生产和出口(OEM 和 ODM),最后到自创品牌的生产和出口。隆国强④(2007)基于微笑曲线的形式,认为由于全球产业价值链的形成,后起国家产业升级更重要的是沿着全球产业价值链从劳动密集的价值环节向两个方向提升:一个是向资本与技术密集的价值环节提升,另一个是向信息与管理密集的价值环节的提升,而产业间的升级,大多也可以归入价值链环节的升级,无论是在传统产业还是在高新技术产业内,都存在从低附加价值向高附加价值环节提升的任务。朱卫平⑤(2011)基于广东产业升级经验

---

① 孙自铎:《结构调整思路:由产业升级转向产品、技术升级》,《江淮论坛》2003 年第 3 期,第 39—44 页。

② 张耀辉:《产业创新:新经济下的产业升级模式》,《数量经济技术经济研究》2002 年第 1 期,第 14—17 页。

③ 潘悦:《在全球化产业链条中加速升级换代——我国加工贸易的产业升级状况分析》,《中国工业经济》2002 年第 6 期,第 27—36 页。

④ 隆国强:《全球化背景下的产业升级新战略——基于全球生产价值链的分析》,《国际贸易》2007 年第 7 期,第 27—34 页。

⑤ 朱卫平:《产业升级的内涵与模式研究——以广东产业升级为例》,《经济学家》2011 年第 2 期,第 60—66 页。

推出产业升级的内涵,认为广东的产业升级有三种模式,分别是产业结构高度化、加工程度高度化和价值链高度化。蒋兴明[1](2014)认为,产业转型升级是由产业链转型升级、价值链转型升级、创新链转型升级、生产要素组合转型升级所形成的有机整体,而产业转型升级的路径主要有研发、品牌、标准、市场、政府。刘维林[2](2012)借助全球价值链(GVC)理论,用产品分工和功能分工的双重视角对价值模块进行解析,仔细剖析了发展中国家价值链升级的驱动机制,认为双重嵌入可以通过知识扩散、动态能力建构、治理结构、租金创造与分配四重机制丰富价值链攀升的路径并加快产业升级进程。刘志彪[3](2007)认为,中国企业需要突破俘获型全球价值链的低端锁定,通过产业内迁和产业延伸构建国内价值链,调整区域间产业关系,促进产业转型升级。

　　无论是产业结构视角还是价值链视角对制造业转型升级的研究,都是基于前三次工业革命背景下的技术与制造范式。现阶段工业化和信息化深度融合,以数字化、网络化、智能化为核心特征的新工业革命方兴未艾。新工业革命带给制造业的不仅仅是制造技术的变迁,更是与制造技术相适应的企业管理方式、产业组织方式和宏观制度环境的变革,是全局性和系统性的变化,终将导致制造业竞争范式和全球制造业竞争格局的重大调整。这就要求学界转换研究范式,准确研判新工业革命背景下制造业的新变化、新趋势,阐释制造业转型升级的新内涵、新机制、新路径,以期对中国制造业转型升级如何实现破旧立新,并

---

① 蒋兴明:《产业转型升级内涵路径研究》,《经济问题探索》2014年第12期,第43—49页。

② 刘维林:《产品架构与功能架构的双重嵌入——本土制造业突破GVC低端锁定的攀升途径》,《中国工业经济》2012年第1期,第152—160页。

③ 刘志彪:《全球代工体系下发展中国家俘获型网络的形成、突破与对策——基于GVC与NVC的比较视角》,《中国工业经济》2007年第5期,第39—47页。

在新的制造范式下实现弯道超车提出切实可行的政策建议。这也是本书研究的切入点和立足点。

三、世界制造强国制造业的转型与复兴战略

自 2008 年国际金融危机爆发后，发达国家开始重新重视制造业在一国经济发展中的基础地位，纷纷提出先进制造业转型与复兴战略，相应的研究也越来越多。森德勒①（2015）分析了德国"工业 4.0"战略的目标和主要内容，从技术、经济、科学等视角深入探讨了德国如何保持制造业的先进地位。波特霍夫等②（2015）分析了"工业 4.0"时代制造业的机遇与挑战，认为新技术与新模式使传统大型制造企业以及中小型制造业企业在商业模式、经营管理以及人才培养等方面面临转型升级。李杰③（2015）从目的、方向、对象、关注点、手段、目标、典型企业、借鉴意义八方面对比德国"工业 4.0"和美国 CPS 发展路径，认为"工业 4.0"重点在智能化生产制造能力，而美国 CPS 则主要在于智能化体系服务能力及顾客价值创造。余东华等④（2015）介绍了美国、日本、德国、法国、韩国等世界主要国家为了应对新工业革命挑战、加快本国制造业发展、抢占制造业国际竞争制高点所制定的制造业发展战略，分析了这些战略对中国制造业的影响。崔日明等⑤（2013）对美国"再工业

---

① ［德］乌尔里希·森德勒：《工业 4.0——即将来袭的第四次工业革命》，邓敏、李现民译，机械工业出版社 2015 年版，第 1—27 页。

② ［德］阿尔冯斯·波特霍夫、恩斯特·安德雷亚斯·哈特曼：《工业 4.0——开启未来工业的新模式、新策略和新思维》，刘欣译，机械工业出版社 2015 年版。

③ ［美］李杰：《工业大数据——工业 4.0 时代的工业转型与价值创造》，邱伯华译，机械工业出版社 2015 年版，第 17—18 页。

④ 余东华、胡亚男、吕逸楠：《新工业革命背景下"中国制造 2025"的技术创新路径和产业选择研究》，《天津社会科学》2015 年第 4 期，第 98—107 页。

⑤ 崔日明、张婷玉：《美国"再工业化"战略与中国制造业转型研究》，《经济社会体制比较》2013 年第 6 期，第 21—30 页。

化”战略的实施效果进行了系统分析,并深入研究了该战略对中国制造业的影响。赵彦云等①(2012)通过比较美国再工业化后中美制造业竞争力,认为中美两国制造业的差距在逐年缩小,美国再工业化对我国制造业影响较大,并提出从制造业内部结构、自主创新和制造业服务融合三方面进行调整。巫云仙②(2013)、陈志文③(2014)、杜传忠等④(2015)指出德国“工业4.0”战略以智能化、数字化、服务化为基本方向,着力构建系统、关联、集成、协同以及融合的制造业产业体系,充分发挥中小制造业企业创新活力的有效机制,实行大规模、个性化、定制化的制造业生产方式,完善技术创新平台以及统一工业制造业标准等方面的做法值得中国借鉴。裴长洪等⑤(2014)以德国“工业4.0”为出发点,系统分析了中德制造业的发展现状,与发达国家再工业化战略进行比较后,认为中国的战略性新兴产业和高新技术产业发展面临诸如市场有效需求不足、技术水平不高、企业发展陷入困境以及缺乏高端适用人才等问题,并提出中国应当利用发达国家工业化战略的机遇,加强与其在政策、技术、贸易和投资方面的合作。贺正楚等⑥(2015)认为,德国“工业4.0”对中国实施“中国制造2025”具有重要借鉴意义,中国

① 赵彦云、秦旭、王杰彪:《“再工业化”背景下的中美制造业竞争力比较》,《经济理论与经济管理》2012年第21期,第81—88页。

② 巫云仙:《“德国制造”模式:特点、成因和发展趋势》,《政治经济学评论》2013年第3期,第145—166页。

③ 陈志文:《“工业4.0”在德国:从概念走向现实》,《世界科学》2014年第5期,第6—13页。

④ 杜传忠、杨志坤:《德国工业4.0战略对中国制造业转型升级的借鉴》,《经济与管理研究》2015年第7期,第82—87页。

⑤ 裴长洪、于燕:《德国“工业4.0”与中德制造业合作新发展》,《财经问题研究》2014年第10期,第27—33页。

⑥ 贺正楚、潘红玉:《德国工业4.0与中国制造2025》,《长沙理工大学学报》(社会科学版)2015年第3期,第103—110页。

制造业可以在中国特色新型工业化道路、工业技术与信息技术紧密结合、产业技术创新联盟建设、绿色低碳发展等方面,为实现《中国制造2025》采取相应政策措施。

现有文献主要集中探讨各制造业强国的制造业复兴战略的目标、路径、特点等内容,并分析这些战略对中国制造业的影响及借鉴意义,对本研究具有重要的参考价值,但仍有一些关键理论实践问题有待进一步探讨:比如以德国"工业4.0"和美国"制造业复兴计划"为主的制造强国制造业转型和复兴战略与"中国制造2025"根本区别在哪里?相较于世界制造强国,中国制造业的根本差距和核心优势是什么?"中国制造2025"在实施中如何才能构建一系列有助于提升中国制造业核心能力,并由制造大国跃升成制造强国的制度安排?这些制度安排既有制造强国制度安排的一般性,更应反映中国制造业独特能力的异质性,进而从根本上回答中国制造业转型升级向"何处去"以及"如何去"的问题。本研究以这些有待于进一步完善的理论与实践问题为切入点,在综合评价中国制造业转型升级的现状、未来趋势,综合考量典型制造强国转型升级经验的基础上,凝练中国制造业转型升级的内涵、动力机制与实施路径,并在一系列典型案例分析的基础上,构建中国制造业转型升级的政策支撑体系。

第三节　拟解决的问题

中国制造业发展迅速、门类齐全,但大而不强、亟待转型升级。党中央、国务院在2015年5月提出的《中国制造2025》和2016年3月提出的"十三五"规划中,都从战略高度强调了以加快新一代信息网络技术与制造业深度融合为主线、以推动智能制造为主攻方向来推动制造业向高端、智能、绿色、服务方向发展,培育制造业竞争新优势。本书在此背景下,在现有文献研究成果的基础上,充分研判新一轮科技革命和各制造强国制造业复兴战略对中国制造业的转型升级趋势的影响,结合中国制造业转型升级的特征事实(特有优势和根本差距),总结归纳中国制造业转型升级的内涵、动力机制和路径,构建中国制造业转型升级的政策支撑体系。

一、中国制造业转型升级的历史轨迹、现状评价与未来趋势

在充分梳理相关文献资料的基础上,分析中国制造业转型升级的历史进程,把握中国制造业的发展现状,运用相关统计指标,客观评价中国制造业的相对优势和核心能力,全面分析中国制造业转型升级的现实基础;在新工业革命背景、全球竞争格局和国际分工体系演变、全球资源要素配置方式变化的基础上,全面把握中国制造业的发展趋势和转型升级方向。

二、世界制造强国制造业转型升级经验借鉴

通过回顾美国、德国、日本等典型制造强国的制造业转型升级之路,提炼其中制造业转型升级的典型模式,尤其注重探索美、德、日三国制造业发展的独特性和异质性,结合中国制造业实践,总结可复制的、可扩散的转型升级经验,以对中国探索独特的制造业转型升级之路有所启示;全面梳理金融危机后世界制造强国的制造业复兴战略的相关文献,对各国的制造业发展战略进行对比研究,以期对中国制造强国战略"中国制造2025"形成有益的借鉴。

三、中国制造业转型升级内涵、驱动机制与路径

结合中国制造业转型升级的宏观背景、基本特征、发展现状和战略目标，界定中国制造业转型升级的内涵，建立一个新工业革命背景下集制造业数字化、网络化、智能化、服务化、精细化、绿色化于一体的中国制造业转型升级研究框架；研究中国制造业转型升级的驱动机制由要素投入规模驱动到创新投入效益驱动、由数量驱动向质量驱动、由生产驱动向需求驱动等驱动机制变迁的机制，明确创新驱动机制在制造业转型升级中的具体表现形式；结合典型产业和典型地区，研究中国制造业转型升级的具体模式与路径，为落实"中国制造2025"规划目标的重大战略和重点任务，对传统制造业和战略性新兴制造业转型升级提出有效的建议。

四、中国制造业转型升级的政策支撑体系

在梳理中国制造业转型升级的现行战略以及政策支撑体系的基础上，总结取得的成绩以及存在的问题，以构建更为完善的转型升级政策支撑体系；阐释体制机制、市场环境、科技政策、财税金融、环境政策、中小微企业政策、人才政策七个方面的政策对中国制造业转型升级的支撑作用。

第四节　基本思路和逻辑结构

本书将按照图0-1所示的基本思路和逻辑结构展开论述：

第一章介绍中国制造业转型升级的现实基础，即在系统梳理中国

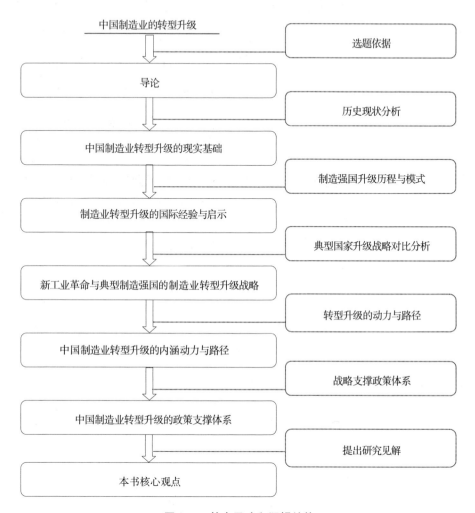

图 0-1　基本思路和逻辑结构

制造业结构调整历史进程的基础上,客观评价中国制造业取得的成就与现存的差距,结合"中国制造 2025"对中国制造业转型升级的未来趋势作出科学研判。

第二章在系统梳理英国、美国、德国、日本制造业发展历程的基础上,总结这四个典型的制造强国制造业转型升级的路径特征,以期对中国制造业转型升级有所启示。

第三章在对比新工业革命背景下美国、德国、日本与中国的制造业转型升级战略的基础上，详细分析了美国制造业创新网络计划与德国"工业4.0"的异同点以及两者对"中国制造2025"的重要启示。

第四章在重新诠释中国制造业转型升级的内涵基础上，分析中国制造业转型升级面临的机遇与挑战，得出中国制造业转型升级的五大动力以及五种路径。

第五章在梳理中国制造业转型升级现行政策支撑体系的基础上，总结归纳取得的成就以及政策实施中存在的问题，最后阐释如何构建更加完备的政策支撑体系。

第六章总结核心观点。

第五节　创新之处

一、诠释新背景下中国制造业转型升级的内涵，探索中国制造业转型升级的动力与路径

新工业革命背景下制造业转型升级内涵发生了新变化，既不是简单的"去制造"的过程，也不是盲目的"追高端"的过程，而是向系统化、生态化方向转变。新背景下，推动中国制造业转型升级的动力来源于五个方面：创新驱动、"互联网+"、质量支撑、绿色制造、人才为本。基于五大动力，中国制造业应该沿着五大路径部署转型升级之路：完善一个体系、培育两种精神、发展三大模式、夯实四大基础、推进五大工程。

二、梳理中国制造业转型升级现行政策支撑体系,提炼好的经验,分析落实存在的问题

系统梳理 2015—2017 年国务院以及各部委出台的以《中国制造2025》为核心的政策支撑体系,及时总结落实中取得的成效与存在的问题,指出现行政策体系在实施过程中,在如何有效地处理三对关系上存在问题:在政府引导与市场主导的关系上,往往走向政府干预的老路;在传统制造业与新兴制造业的关系上,往往注重发展新兴制造业而忽视改造传统制造业;在龙头企业与中小企业的关系上,往往重视龙头企业的带动作用而忽视中小企业的现实需求。基于这些问题,本书提出从八个方面构建更加完备的政策体系,以保障中国制造业后续的转型升级之路更加顺畅。

中国制造业发展水平参差不齐,转型升级路径因地区不同、行业不同而千差万别,收集典型城市和典型企业的转型升级案例,提炼经验总结教训,是要进一步解决的问题。典型制造强国的转型升级经验虽然值得借鉴,但其长期积累形成的制造业核心能力却是很难模仿借鉴的,中国要顺利实现制造业新旧动能转换,在新一轮产业变革中抢占先机,就要努力塑造以中国历史文化和核心价值为根基的制造业的灵魂,要形成自己独特的制造业文化与工业精神,这也是需要进一步研究的问题。

第一章　中国制造业转型升级的
现实基础

　　经过新中国成立六十多年特别是改革开放三十多年的长足发展，中国工业在国民经济中的比重大幅提高，中国已成为世界市场工业品的重要提供者。作为工业的重要组成部分，中国制造业从"一五"时期正式开启大规模建设，通过重工业优先发展的工业化发展战略，逐步形成了相对完整的制造业体系。1978年开启的市场化改革，把广大农村劳动力从土地上解放出来，配置到效率更高的乡镇企业以及沿海地区的民营企业和外资企业，充分释放了中国制造业的活力。加入WTO（世界贸易组织）后，中国制造业进入突飞猛进的发展时期，工业园区如雨后春笋般兴起，市场化导向的改革使一系列投资管制逐渐放松，地方政府主导的招商引资使民营企业、外资企业、国有企业三分天下，以"珠三角""长三角""环渤海"为代表的区域制造业带渐成规模。中国制造业的强劲崛起推动中国成功跻身世界第二大经济体、世界第一制造大国、最大贸易国以及最大外汇储备国。中国制造业规模不断扩大的过程同时也是结构不断调整和演变的过程，回顾中国制造业结构演进的历史进程，对制造业的发展现状进行综合评价，预测制造业未来转型升级的方向，是进一步推进制造业结构优化升级的现实基础。

第一节　中国制造业结构调整的历史轨迹

中国制造业达到如今的水平是六十多年的发展不断调整演进的结果,纵观中国制造业的发展历程,大致可分为 1949—1978 年、1978—2000 年、2000 年至今三个阶段。

一、第一阶段(1949—1978 年):赶超战略与超前重工业化时期

新中国成立之初,根据当时的国内国际环境,中国选择了优先发展重工业为目标的发展战略。林毅夫等①认为,在当时的条件下优先发展重工业,存在重工业建设周期长与资本稀缺的矛盾、重工业设备依赖进口与外汇短缺的矛盾、重工业初始投入规模大与资金动员能力差的矛盾,因此是一种"赶超战略",其战略目标与资源禀赋所能承载的产业结构之间存在巨大的落差,为了推动重工业的优先发展,除了个别时期因为轻工业比例偏低、基础工业与制造工业比例严重失调,对轻工业有所重视之外,重工业一直是这一时期的发展重点。

"一五"计划期间,国家集中力量进行工业建设,为建设中国工业化的初步基础,集中优势力量建设由苏联援建的 150 多个重点工程项目,并着手建设技术先进的大型钢铁、飞机、汽车、煤炭等制造企业,"一五"时期,中国拥有了以发电设备制造业、飞机制造业和金属冶炼业为主的第一批装备制造业。1958 年开始的"大跃进"运动更是将重

---

① 林毅夫、蔡昉、李周:《中国的奇迹:发展战略与经济改革》(增订版),上海三联书店、上海人民出版社 1999 年版,第 36—37 页。

工业优先的政策发挥到极致,确定了"以钢为纲、全面跃进"的政策,各部门、各地方都把钢铁生产和建设放在首位。"文化大革命"期间,除了继续坚持"以钢为纲"的政策外,从 1964 年开始,出于"备战"需要,经济建设方针转向"三线"和国防建设,一批重工业项目皆围绕此展开,有数据显示,当时国家投资约 2000 亿元进行大规模的项目建设,建设 5 个钢铁基地、12 个煤矿矿区以及一大批大型机械企业在内的大中型骨干企业近 2000 个。[①]

1978 年以前始终坚持重工业优先的经济发展战略致使中国制造业结构很不合理,轻重工业发展比例失调,1971—1977 年,轻工业产值占工业总产值的比例为 44%左右,而重工业占总产值的比重则在 55%以上,制造业企业类型比较单一。1963—1977 年,只有国有企业和集体企业两种类型,其中国有企业工业产值所占比例一直在 77%以上。赶超战略和重工业优先在一定程度上适应了这一时期的国情。但是,由于中国并不具备发展重化工业的比较优势,为了解决资本稀缺与发展战略之间的矛盾,就需要通过扭曲要素价格来人为降低重工业发展的成本,实行低利率政策、低汇率政策、低工资和低能源原材料价格政策、低农产品和其他生活必需品及服务价格政策,[②]致使制造业生产效率低下,资源利用率低下等问题日趋严重。

二、第二阶段(1978—2000 年):发挥比较优势与工业协调发展时期

1978 年开启的改革开放,开始调整轻重工业比例失调问题,1979

① 李金华等:《中国现代制造业体系论》,中国社会科学出版社 2015 年版,第 59—60 页。

② 林毅夫、蔡昉、李周:《中国的奇迹:发展战略与经济改革》(增订版),上海三联书店、上海人民出版社 1999 年版,第 38—49 页。

年 4 月,中共中央确定对国民经济实行"调整、改革、整顿、提高"的方针,逐步提高对轻工业的投资比例,由 1978 年的占工业总投资的 9.3%上升到 1980 年占工业总投资的 14.9%,工业总产值中轻工业所占比重由 43.1%上升到 47.2%,重工业比重由 56.9%下降到 52.8%。[①] 20 世纪 80 年代初期出台轻纺工业优先发展战略,并且调整冶金、化工、机械等重工业产品结构,这一产业结构调整符合当时中国资本要素稀缺、劳动力要素丰富的比较优势,一方面适应了城乡居民生活水平提高对消费品需求的快速增长,另一方面抓住了国际以轻纺产品为代表的劳动密集型产业向发展中国家转移的趋势。20 世纪 90 年代,由于加工业的市场化程度高于基础产业且市场需求旺盛,出现了基础工业的"瓶颈",政府通过加大对能源、交通、通信等部门的投资缓解了这一矛盾。总而言之,这一时期矫正了扭曲的产业结构,按可比价格计算,1952—1978 年,重工业和轻工业分别增长了 2779.5%和 905.2%,前者是后者的 3 倍多;1978—1997 年,重工业和轻工业分别增长了 1195.8%和 1349.3%,前者为后者的 89%。[②]

这一时期,不但轻重工业进入协调发展时期,中国制造业门类也逐步齐全,制造水平不断提高,特别是 20 世纪 90 年代以来,中国制造业进入全面提升阶段,1994 年,中国制造业实现总产值 44825.38 亿元,比 1985 年的制造业总产值提高了 5 倍,石油加工及炼焦业、金属制品业、交通运输设备制造业等多个制造行业的增幅超过制造业平均增幅。从横向国际比较看,1990 年中国的钢、水泥、化学、糖、电视产量的世界排名分别较 1978 年上升了 1 位、3 位、5 位、2 位、7 位。1991—1994 年,

---

①　李金华等:《中国现代制造业体系论》,中国社会科学出版社 2015 年版,第 61 页。
②　林毅夫、蔡昉、李周:《中国的奇迹:发展战略与经济改革》(增订版),上海三联书店、上海人民出版社 1999 年版,第 188 页。

中国制造业增加值速度都实现了逐年增加,分别为16.07%、24.56%、36.18%和35.03%,高于同期的美国、日本、英国等发达国家,从1995年起,中国制造业总量超过英国。

三、第三阶段(2000年至今):再次重工业化与产业转型升级时期

新世纪伊始,我国重工业再次进入加速阶段,工业发展重新进入重化工业阶段,与改革开放前主要通过政府直接干预、扭曲要素价格推进重工业化不同,这一阶段的重工业化主要是工业自身增长使然。经过改革开放二十多年的发展,重工业发展已经初具规模。首先,居民收入大幅提高,自行车、收录机等千元级消费品让位于电视、空调、电脑等万元级消费品,汽车、住房等十万元级商品逐步走入居民家庭,从而推动与消费者生活相关的食品、家具、医疗、房地产、交通运输设备、电器电子等行业的高速增长;其次,城镇化迅速发展,城镇人口比重以年均1%以上的速度增长,由于城镇化率的快速提高以及居民对住房要求的提高,城镇居民对住房需求快速增长,带动钢铁、化工、机械、家电等相关制造行业高速发展;最后,中国加入世界贸易组织后,加速融入全球化进程,成为国际产业转移的重要承接地,在国际分工由产业间分工逐渐演化为产业内分工和产品内分工的情况下,美国、欧洲、日本等发达经济体也不断转型升级其制造业,产业重心逐步转向研发和服务环节,生产制造环节则转移到以中国为主的新兴工业化国家。素质较高且较廉价的劳动力、较低的交易成本、完善的工业配套体系,使中国具备了"产业公地"优势,不但使本土企业获得低成本优势,还顺应了发达经济体制造业全球转移的趋势,成为世界最具竞争力的制造工厂。

随着制造业结构的再次偏重,资源短缺、环境污染等问题随之加剧,劳动力、土地等要素价格持续上涨,不断削弱"中国制造"的低成本优势,因此中国的产业政策也从前一阶段的在做大制造业的总体规模的同时调整轻重工业结构,变为制造业的转型升级,2001 年实施的《第十个五年计划纲要》中明确提出,"要以提高经济效益为中心、以提高国民经济的整体素质和国际竞争力、实现可持续发展为目标,积极主动、全方位地对经济结构进行战略性调整……重点强调对传统产业的改造升级……积极发展高新技术产业和新兴产业……以信息化带动工业化"。可以认为,自 2000 年发布"十五"计划以来,中国产业政策的取向变为抑制重工业过快增长、节能减排和促进产业转型升级,而产业升级可分为产业内升级和产业间升级。李晓华[1]用资本劳动比、全员劳动生产率、全要素生产率、产业结构、产业相对效率 5 个指标来衡量中国的产业升级,研究发现,中国的制造业实现了产业内升级,但产业间升级并不明显,且中国制造业产业内升级呈现明显的成本推动特征。

新中国成立以来中国制造业转型升级的三个阶段可以分别概括为"从无到有、从少到多、从大到强":从 1949 年到 1978 年的第一阶段,中国制造业实现了从无到有的转变,建立了钢铁、有色金属冶炼、石油化工、重型机械装备制造、机床制造、航空、船舶、机车、汽车、电子、航天、原子能等现代工业部门,形成了独立完整的现代工业体系。从改革开放到 21 世纪初的近 30 年的时间里,中国制造业实现了从少到多的转变,工业增加值由 1978 年的 1607. 0 亿元增长到 2013 年的 210689. 4

---

[1]　李晓华:《要素价格、资本回报率与中国产业结构升级》,中国社科院工业经济研究所研究报告《生产要素价格上涨与中国工业发展模式转型研究》,2011 年。

亿元,按可比价格计算,增长了 40.6 倍,年均增长 10%。① 这一时期,中国制造业在规模上逐渐赶超了主要发达经济体,1993 年中国制造业增加值超过了法国,1995 年超过了英国,2006 年超过了日本成为世界第二制造大国,2008 年超过了美国成为第一制造大国;2009 年制造业增加值达到 20499 亿美元,占世界制造业增加值比重达到 21.22%。进入 21 世纪特别是近 10 年来,中国制造业进入到从大到强的转变阶段,在经历前两个阶段的"补短"式发展后,中国制造业规模快速扩大,产业结构日臻完备,成为全球规模最大、结构最完备的产业体系。此时,如何通过转型升级为国民创造更大的价值,改变在全球价值链分工中受制于人的局面,就成为中国制造业进一步发展需要解决的首要问题,中国制造业的发展任务应转向以提高生产要素使用效率为主导,在产业结构和技术水平上全面缩小与制造强国之间的差距,实现从制造大国向制造强国的转变。

第二节　中国制造业转型升级的现状评价

中国制造业经过多年的快速发展,国际竞争力不断增强,越来越多的"中国制造"被国际市场接受,带动了中国经济的腾飞,取得了举世瞩目的巨大成就;随着中国经济发展进入新常态,工业增长速度持续下滑,制造业发展也进入了深度调整期,结构调整和转型升级成为制造业发展面临的首要问题。

---

① 吕政:《中国经济新常态与制造业升级》,《财经问题研究》2015 年第 10 期,第 3—8 页。

一、中国制造业发展取得的成就

(一)制造业国际竞争力大幅提升,已成为世界第一制造大国

1.制造业规模不断扩大

2016 年,我国工业增加值达到 24.8 万亿元,占 GDP 的比重达到 33.3%,在规模以上工业中,2016 年制造业增加值比 2015 年增长 6.8%,高于 2016 年规模以上工业增加值的增长率 6%;中国制造业产值早在 2014 年就达到全球制造业产值的 25%,近年来制造业规模一直保持世界第一,在 500 多种主要工业品中,中国就有 220 种工业品的产量位居世界第一;2015 年,中国企业生产了全世界 28% 的汽车、41% 的船舶、80% 以上的电脑、90% 以上的手机、60% 以上的彩电、50% 以上的冰箱、80% 的空调、24% 的电力,以及全球 50% 的钢铁。

2.工业制成品国际竞争力显著增强

制造业的强大从根本上改变了中国产品在世界出口格局中的地位,工业制成品出口额占出口总额比重一直处于上升趋势。1978 年,初级产品出口和工业制成品出口占中国出口的比重分别为 54.8% 和 45.2%,1990 年出口产品中,这两个比重已变为 25.6% 和 74.4%,工业制成品比重大幅增加;2014 年出口产品中,中国原材料等初级产品出口比重已降到 5% 以下,工业制成品已达到 95% 以上;工业制成品的出口结构不断优化,2014 年,较高技术含量的机电产品和高新技术产品出口分别占出口总额的 56% 和 28.2%。

(二)自主创新能力显著增强,部分关键领域技术水平位居世界前列

1.研发投入不断增加

经过多年的发展,制造业已成为创新最集中、最活跃的领域,工业

领域的技术创新从模仿创新到集成创新,再到引进消化吸收再创新,经历了多个发展阶段的演变,创新要素在规模总量上逐步接近世界发达国家,在质量水平上与处于前列的发达国家的差距也正在逐渐缩小,产业自主创新能力明显增强,正在由模仿跟随式创新向独创引领式创新转变。据统计,2016 年中国全社会研究和开发支出达到 15440 亿元,首次超过 15000 亿元,占 GDP 比重为 2.1%,相比 2015 年增长 0.03%。中国制造业研发投入强度大幅提升,从 2003 年的 0.55%上涨到 2012 年的 1.32%。2003 年和 2012 年,制造业研发人员全时当量和制造业研发经费内部支出年均涨幅分别为 3.76%和 14.59%。

2. 支撑工业发展的技术基础明显提高

近年来,得益于创新驱动战略的实施,工业企业研发投入迅速增长,2015 年,规模以上工业企业研发支出 10013.9 亿元,支出规模是 2009 年的 1.1 倍,研发投入强度从 2009 年的 0.69%增加到 2013 年的 0.90%,增长了 0.21 个百分点。2015 年,规模以上工业企业所拥有的科技机构达到 62954 个,总数量是 2014 年的 1.1 倍;规模以上企业申请的专利总数达到 64 万件,是 2009 年专利总数的 2.4 倍。一些大型复杂装备制造领域技术创新取得突破式进展,如载人航天、探月工程、载人深潜、新支线飞机、高速轨道交通、特高压输变电设备、风力发电设备、千万亿次超级计算机等领域的装备制造技术水平已跃居世界前列。

3. 新产业新产品新技术快速涌现

2016 年,工业战略性新兴产业和高技术制造业增加值分别比上年增长 10.5%和 10.8%,增速分别比规模以上工业快 4.5 个和 4.8 个百分点;运动型多用途乘用车(SUV)产量增长 51.8%,新能源汽车增长 40.0%,工业机器人增长 30.4%,集成电路增长 21.2%,智能电视增长

11.1%，智能手机增长 9.9%。2016 年，一批具有标志性意义的重大科技成果涌现，不少达到国际先进水平，为新经济成长提供了强大技术支撑：全年授予境内发明专利权 29.5 万件，比上年增长 15.0%，境内有效发明专利拥有量突破 100 万件。全年签订技术合同成交金额 11407 亿元，比上年增长 16.0%。

4. 制造业信息化程度不断提升

随着制造业总体水平的不断提高，信息化、智能化、服务化对制造业的生产作用逐渐增强，2013 年，中国 36 万家规模以上工业企业中，98.4% 的企业使用互联网开展活动，35.7% 的企业使用互联网提供客户服务，33.7% 的企业通过互联网招聘员工，18.6% 的企业利用互联网进行员工培训，工业发展对信息化的依赖日益加深。根据中国机器人产业联盟数据，2013 年，中国成为世界工业机器人最大的消费市场，约占全球销量的 1/5。2014 年，工业企业在研发设计方面应用数字化工具的普及率达到 54%，工业发展过程中智能化投入不断加大。

（三）制造业内部结构进一步调整，发展的质量和效益明显提升

1. 制造业先进产能比重快速提高

以智能制造、高速轨道交通以及海洋工程为代表的高端装备制造业产值占装备制造业比重已经超过 10%，其中海洋工程装备占世界市场份额达到 29.5%，国有品牌智能手机在国内市场的占有率已远远超过国外品牌的占有率，达到 70%。2016 年以来，高技术产业、装备制造业的投资增速总体快于整体投资增速，通过供给侧结构性改革，传统动力不断改造升级，新动力加快孕育成长，工业经济增长新动力正在加快形成。截至 2016 年 10 月，高技术产业和装备制造业的增加值增速分别达到 10.5% 和 10.1%，比规模以上工业增速分别高 4.4% 和 4%。

2. 淘汰落后产能取得积极进展

2016年"三去一降一补"扎实推进,供给结构不断优化,供给质量明显提高,淘汰落后产能取得积极进展。以钢铁、煤炭行业为重点去产能,全年退出钢铁产能超过6500万吨、煤炭产能超过2.9亿吨,完成淘汰落后产能目标任务的还有炼铁、焦炭、铁合金、电石、电解铝、铜冶炼、铅冶炼、锌冶炼、水泥、玻璃、造纸、酒精、味精、柠檬酸、制革、印染和化纤等18个行业。

(四)工业资源能源消耗强度不断降低,绿色发展能力逐步增强

1. 完善了相关规划和措施

近年来,工业领域出台了一系列行动计划,颁布了一系列政策措施以促进节能减排,如大气污染防治行动计划,在钢铁、有色、化工、建材等六大重点耗能行业实施技术改造工程,制订电机能效提升计划,建设工业固体废弃物综合利用基地试点,积极推进节能环保装备产业化示范工程,鼓励应用工业节能、节水、资源综合利用、废水循环回用等关键成套设备,促进节能环保产业快速发展。这些规划措施的落实促进了工业领域的节能减排,是建设资源节约型与环境友好型社会的有力支撑。

2. 工业绿色低碳转型初见成效

据统计数据显示,"十一五"时期,全国规模以上工业单位增加值能耗较"十五"时期下降26%,实现的节能量相当于7.5亿吨标准煤,以年均6.98%的能耗增长支撑了年均11.57%的工业增长;2011年以来,化工、建材、钢铁和有色四大高载能行业能源消费量占全社会的比重一直保持下降态势;2016年1—9月,四大行业用电量占全社会用电总量的比重为29.3%,比上年同期下降了约1%;截至2016年12月底,全国规模以上工业单位增加值能耗为1.34吨标准煤,比2010年的

1.92 吨标准煤下降 30.2%。

(五)制造业集聚水平逐步提升,空间布局不断优化

1. 制造业集聚水平不断提高

2015 年,中国汽车销量前十名的企业的销量达 2200.69 万辆,占汽车销售总量的 89.5%,前十名企业的汽车产业集中度达 90%,与 2015 年基本保持一致;2015 年水泥行业前十家企业产能占全国总产能的 52%,较 2013 年提高了 14.2%;2015 年平板玻璃行业前十家企业产能占全国产能达 65%,电解铝行业前十名企业产能集中度达 77%,产业集中度提高说明行业的集聚水平在不断提高,有助于更好地进行技术改造,更经济地配置行业资源以及有效遏制产能过剩。

2. 制造业空间布局不断优化

近年来,制造业在东、中、西部的分布格局进一步调整优化,特别是自 2008 年以来,东部地区制造业就业人数占全国比重从 66.27% 下降到 2013 年的 61.79%,而中西部地区的比重分别从 2008 年的 15.71% 和 11.46% 增加到 2013 年的 19.81% 和 12.19%,制造业平均集中率从 2009 年的 0.6399 下降到 2013 年的 0.6040,而中西部的制造业平均集中率则分别从 2009 年的 0.1692 和 0.1212 上升到 2013 年的 0.2050 和 0.1268[1],制造业就业人数比重和制造业平均集中率的变化反映了中国制造业在东中西部的空间布局有不断优化的趋势,原来东部制造业聚集"一家独大"的局面随着中西部制造业比重的提高而有所变化,2015 年,中、西部地区规模以上工业增加值比上年分别增长 7.6% 和 7.8%,分别快于东部地区 0.9 个和 1.1 个百分点。

---

[1]　张新芝、孔凡斌:《东中西部区域产业转移发展态势及对策建议》,《南昌大学学报》(人文社会科学版)2015 年第 6 期,第 73—80 页。

二、中国制造业与世界制造强国制造业的差距

(一)制造业自主创新能力的差距

1. 研发投入规模和投入结构存在较大差距

2015 年中国研发经费规模为 14169.9 亿元,虽然已居世界第二位,但仍不到美国的 50%,整体上与日本同处于第二梯队,我国 2.07% 的研发经费投入强度,与主要创新型国家相比仍有较大差距,2014 年,美国、德国和日本研发投入强度分别为 2.74%、2.84% 和 3.59%,韩国更是达到了 4.29%。从研发经费投入结构看,基础研究投入仍显不足,与发达国家仍存在较大差距,基础研究投入约占全社会研发经费的 5%,而世界主要创新型国家的这一比重一般都在 10% 以上。

2. 制造企业自主创新动力不足

与发达国家相比,我国制造企业尚未成为真正的技术创新主体,技术创新动力不足问题仍然存在。2015 年,虽然中国制造业研发经费支出达到 9650 亿元,研发强度达到 0.97,但企业作为开展研发活动的主体,基础研究经费仅占其研发经费总额的 0.1% 左右,主要创新型国家这个比例通常能达到 5% 甚至更多。基础研发投入不足,共性关键技术供给不足是中国缺乏重大突破性、颠覆性创新的重要原因之一。

3. 产学研协同创新体制尚未形成

原隶属于各个工业部门的科研院所经过改制以后,运营逐渐向市场化企业看齐,人财物的投入逐渐转向应用技术与商业化领域,共性技术的研发成为真空地带,共性技术的研发和商业化之间的环节逐渐虚化,相应的研发主体弱化。现有的高校与科研院所拥有各自不同的评价机制和利益导向,与企业市场化的创新需求出现严重分化,以结项为创新周期结点的研发体制,往往导致科研成果转化率低下。据统计,中

国的转化率仅为 10% 左右,远远低于发达国家 40% 的转化水平,政产学研用合作创新的有效机制亟待建立。

4. 发明专利质量有待提高

据世界知识产权组织统计,2016 年中国国际专利申请数量为 4.3 万份,虽然较 2015 年有 45% 的增长,但仅占全球专利申请数的 18.5%,排名第三。排名第一的美国专利申请数量占 24.3%,排名第二的日本专利申请数量占 19.4%;虽然中国的国际专利申请数量近几年快速增长,但据曼海姆欧洲经济研究中心在 2016 年发布的一份报告显示,中国的专利质量却无法跟上美、德、日等科技大国的水平,在 2001—2009 年间,中国专利申请质量仅达到中国以外国家平均水平的 32.1%,相比之下,美国的专利申请质量是美国以外国家平均水平的 123.3%。

(二)世界知名品牌的差距

1. 制造业缺乏世界知名品牌

联合国发展计划署的数据表明,国际知名品牌在世界品牌中所占比重虽然不足 3%,但其国际市场占有率却高达 40%,销售额超过 50%,产品出口到海外市场的所有中国企业中,拥有自主品牌的企业所占比例还不到 20%,拥有自主品牌的企业海外市场的销售额占企业出口总额的比重还不足 10%,与之形成鲜明对比的是,全球 100 个最具价值的品牌企业中,大部分企业的国际市场的年销售额占其全年销售额的一半以上,而在中国,即使在国际上有一定品牌知名度的企业,其在国际市场的年销售额仍不到 10 亿美元,占其全年销售额的比例仅为 10% 左右,中国出口海外的产品中约 90% 是贴牌产品。2015 年,我国入围 Brand Finance"全球 500 强品牌"的制造类企业仅有 9 家,每万亿美元制造业增加值的世界品牌 500 强制造业企业数量中国仅为 2.8 家,而法国、英国、美国、日本等国分别达到 61.05 家、33.99 家、32.53

家和 25.16 家,远远高于中国。①

2. 产品质量和技术标准整体水平不高

中国产品质量问题仍较突出,国家质量监督检验检疫总局的数据显示,国家监督抽查产品质量不合格率高达 10%,其中出口商品长期处于国外通报召回问题产品数量的首位,制造业每年直接质量损失超 2000 亿元,间接损失超万亿元,这严重影响了中国产品的国际声誉,在国际市场上,"中国制造"甚至成为质量低劣的代名词。只有高标准才能造就高质量,但中国标准体系建设整体滞后,据统计,由中国主导制定的国际标准比例还不到 0.5%,存在标准更新速度缓慢和"标龄"过长的问题,部分"标龄"甚至超出德、美、英、日等发达国家的"标龄"长度的 1 倍以上。

(三)生产要素利用效率的差距

1. 能源资源利用效率差距

中国的资源密集型重化工业比重过高,高附加值的技术密集型制造业比重低,因此需要耗费巨大的能源资源。2015 年中国煤炭消费量为 39.65 亿吨,占世界煤炭消费量的 50%;钢铁消费量为 10.2 亿吨,占世界钢铁消费量的 68%。目前,中国工业增加值占 GDP 的比重约为 40%,但工业能源消费量占全国能源消费总量的比重仍然高达 70%,能源消耗总量相当于 23 亿吨标准煤,是日本的 3.3 倍、德国的 3.8 倍,在工业消耗的能源中,冶金、石化、建材、发电、化学工业、重型装备制造六个行业消耗的能源占 79%,消耗总量相当于 18 亿吨标准煤,是德国的

---

① 上海质量管理科学研究院课题组:《中国制造业品牌现状、问题及成因》,《上海质量》2016 年第 6 期,第 56—60 页。

3倍。① 中国基础制造工艺绿色化水平不高,产品(零部件)制造精度低,材料及能源消耗大,以铸造工艺为例,目前中国铸件尺寸精度低于国际标准一到两个等级,废品率高出5%—10%,加工余量高出一到三个等级,每吨铸铁件能耗为0.55吨到0.7吨标准煤,约为国际先进水平的1.5倍。

2. 工业生产污染排放量相对较高

高耗能、高污染行业规模依然庞大,导致污染排放总量居高不下,目前,工业领域二氧化硫、氮氧化物和烟粉尘等主要污染物的排放量占比高达90%、70%和85%左右,工业领域的污染物排放主要来源于散烧煤和不清洁用煤。散烧煤和不清洁用煤是造成大气污染的主要因素之一。

3. 劳动生产率的差距

2010年中国制造业劳动生产率为每小时10.5美元,工业发达国家美国、德国和日本的制造业劳动生产率分别为每小时62.5美元、42.3美元、49.3美元,新兴工业化国家韩国、新加坡、南非和墨西哥的制造业劳动生产率分别为每小时31.5美元、33.4美元、12.3美元、11.5美元。② 2011年以后,随着劳动年龄人口的绝对减少,劳动力成本呈加速上涨趋势。2013年,我国制造业的单位劳动力成本(单位劳动力成本是劳动力成本和劳动生产率之比,与工资水平成正比)为0.238,是德国的29.7%、韩国的36.7%和美国的38.7%。虽然从单位劳动力成本的绝对水平看,我国仍然具有较为明显的优势,但是随着劳

---

① 吕政:《中国经济新常态与制造业升级》,《财经问题研究》2015年第10期,第3—8页。

② 魏浩、郭也:《中国制造业单位劳动力成本及其国际比较研究》,《统计研究》2013年第8期,第102—110页。

动力成本的单边快速上涨,劳动生产率增速却低于工资增速。2004—2014 年中国制造业全员劳动生产率增长了 154%,年均增速接近 10%,高于美国同期约 5% 的增速,但同期中国制造业平均工资年均增速达 13%,而美国同期仅为 3%。从劳动生产率与工资增速的相对比较看,中国劳动生产率增速低于制造业工资增幅,而美国制造业劳动生产率增速高于工资增速,表明我国制造业劳动力成本相对优势正在减弱。①

(四)制造业内部结构差距

1.低端行业产能过剩

2011 年以来,中国大多数工业行业都出现产能相对过剩问题,尤其是金属冶炼、建筑材料、基础化工、机械装备制造和汽车制造等重化工业的产能过剩问题尤为突出。2012—2013 年中国电解铝、平板玻璃、汽车、太阳能电池组件、聚氯乙烯和甲醇的生产能力利用率分别为 70%、68%、70%、51%、60% 和 50%。按照国际制造业的通行标准,工业生产能力正常利用率在 80%—90%,而中国工业生产能力平均利用率仅有 70%—75%。

2.技术密集型产业短缺

中国每年不仅需要大量进口原油、天然气和铁矿石等资源型产品,还需要大量进口高附加价值的技术密集型产品。中国的芯片 80% 依赖进口,数控系统 70% 依赖进口。2012 年,中国机床出口额 27.5 亿美元,而进口 136.6 亿美元,与日本、韩国和中国台湾等国家或地区之间的进出口贸易中,中国每年有 4000 多亿美元的贸易逆差,2012 年中国化工产品、塑料及制品、光学、精密仪器、航空器、航天零部件、集成电路等技术密集型产品的进口额为 4404.8 亿美元。在进出口贸易结构中,

① 国家发展和改革委员会产业经济与技术经济研究所课题组:《降低我国制造业成本的关键点和难点研究》,《经济纵横》2016 年第 4 期,第 15—30 页。

中国出口产品以劳动密集型产品和农副产品为主,进口产品则以高附加值的机械、电子和精细化工产品为主。

(五)产业融合的差距

1.两化融合远远不够

中国的制造业信息化水平不高,两化融合仍有很长的路要走,信息基础设施建设和应用滞后于发达国家。据统计,2012 年中国网络就绪度指数(NRI 指数)仅为 4.03,低于美、日、德等发达国家,企业通过信息技术改造传统生产方式与工艺流程的意愿不足,大部分地区与行业仍处于以初级或局部应用信息技术为主的阶段,关系国民经济、社会安全的高端核心工业软件主要依赖进口,中国造船、航空等行业的很多软件需要从美国进口,全世界 80% 的工业软件是美国开发的,全世界的超算计算机美国占了 50% 以上。与发达国家和地区相比,中国制造业两化融合存在明显差距,发达国家和地区已进入制造业与信息技术全面集成,以数字化、网络化、智能化、个性化应用为突出特点的新阶段,如德国大力推行的"工业 4.0"战略就是德国两化融合进入全新阶段的重要标志,对标德国"工业 4.0"的划分标准,中国制造业整体上处于"工业 2.0"补课、"工业 3.0"普及、"工业 4.0"示范的阶段,需要加快推动新一代信息技术与制造技术融合发展,把智能制造作为两化深度融合的主攻方向,全面系统提升制造企业研发、生产、管理、服务全产业链、全生命周期的智能化水平,推动"中国制造"向"中国智造"转变。

2.制造业服务化需要加强

"中国制造 2025"指出,制造业服务化是一种制造业发展逻辑,与制造业转型升级密切相关,主要表现在服务型制造本身就是制造业的结构优化,同时制造业服务化有助于推动制造业节能减排,实现绿色发展,而且有助于提升制造业的劳动生产率。中国制造业服务化水平仍然较低,制造业服务产出落后于世界主要制造业国家,根据 Neely 对全球上市公司数据库(OSIRIS database)的分析,2007 年中国上市公司服务化比例仅有 2%,到 2009 年达到 20% 以上,虽然 3 年间中国制造业服务化比例有了巨大的飞跃,但与发达国家相比仍然有一定的差距。2009 年,美国上市公司制造业服务化的比例超过 50%,而中国制造业服务产出比例排在美国、芬兰、荷兰、比利时、马来西亚等 17 国之后,仅超过 10%。①

(六)在国际分工中地位的差距

1. 中国制造业处于国际垂直分工体系的中低端

中国具有比较优势的领域主要集中在传统的劳动密集型产业和资源密集型产业,而发达国家具有比较优势的领域主要集中在高附加值的技术密集型产业。通常采用贸易竞争力指数衡量双边贸易竞争力,贸易竞争力指数即某一产品净出口额与该产品进出口总额之比,中国与工业发达国家进出口贸易构成中,贸易竞争力指数高于 0.5 的产品主要集中在纺织服装、家具和生活日用品等,指数低于 0.5 甚至为负的产品主要是技术密集型的民用客机、芯片、轿车和精细化工产品等机械电子产品。

2. 中国制造业在国际价值链分工中处于低端

中国制造长期处于"微笑曲线"底部,凭借劳动力成本优势,跨国公司把中国作为产品生产加工基地,即原材料的采购和零部件的制造以中国本土化为主,跨国公司控制研发和市场销售网络,中国制造企业充当跨国公司的生产车间。与此同时,制造业内部的垂直分工也在不断变化,一种产品由不同国家或地区的相关企业共同完成,国家或地区

---

① 黄群慧、霍景东:《中国制造 2025 战略下制造业服务化的发展思路》,《中国工业评论》2015 年第 11 期,第 46—55 页。

之间实现高度的专业化分工,每个国家或地区只从事同一产品某些环节的生产,但核心技术和关键零部件依然由跨国公司控制,并实行全球采购,从而把发展中国家劳动力成本低廉的优势与发达国家的竞争优势结合起来,实现全球范围内的资源优化配置。

第三节　"中国制造 2025"与制造业转型升级

2015 年 5 月 8 日,国务院正式印发《中国制造 2025》,这是中国实施制造强国战略的第一个十年行动纲领,它不仅仅是一个行业发展规划,更是一项着眼于国际国内经济发展新形势和新一轮产业革命与技术变革而推出的重大战略部署,它提出中国制造业的"三步走"发展战略和 2025 年的奋斗目标、指导方针以及战略路线,制定了九大战略任务、十大重点发展领域以及五项重大工程,是近十年中国制造业转型升级的行动指南和基本遵循,为未来中国制造业转型升级奠定了政策基础。

一、实施"中国制造 2025"具有重大战略意义

(一)指出了制造业在未来发展中的地位和作用

"中国制造 2025"提出制造业是国民经济的主体,是立国之本、兴国之器、强国之基,并把提高制造业的创新能力摆在突出位置。近年来,中国第二产业产值占 GDP 的比重虽然相较第三产业一直呈下降趋势,但这并不等于说制造业不重要了,制造业与创新紧密关联,一旦失去制造业,创新就失去了附着的载体,服务业尤其是生产服务业的发展也就成了无源之水。

（二）构建了制造强国的评价指标体系

"中国制造 2025"认为制造强国应该有四个特征：雄厚的产业规模，主要表现为具有较大的产业规模，并拥有相对成熟健全的现代产业体系，在全球制造业中占有一席之地；良好的质量效益，主要表现为生产技术先进、产品质量优良，制造业劳动生产率高且占据全球价值链高端环节；优化的产业结构，表现为制造业内部结构优化，基础产业与装备制造业产值比重高，战略性新兴产业比重大，拥有众多实力雄厚的跨国公司及全球 500 强企业；可持续的发展能力，主要表现为自主创新能力、科技引领能力以及绿色可持续发展能力强，信息化水平高。基于这四个主要特征，"中国制造 2025"构建了由 4 个一级指标和 18 个二级指标组成的制造业评价指标体系（见表 1-1）。

表 1-1　制造业评价指标体系

一级指标	二级指标	权重
规模发展	国民人均制造业增加值	0.1287
	制造业出口占全球出口总额比重	0.0664
质量效益	制造业质量水平	0.0431
	一国制造业拥有世界知名品牌数	0.0993
	制造业增加值率	0.0356
	制造业全员劳动生产率	0.0899
	高新技术产品贸易竞争优势指数	0.0689
	销售利润率	0.0252
结构优化	基础产业增加值占全球比重	0.0835
	全球 500 强中一国制造企业营业收入占比	0.0686
	装备制造业增加值占制造业增加值比重	0.0510
	标志性产业的产业集中度	0.0085

一级指标	二级指标	权　重
持续发展	单位制造业增加值全球发明专利授权量	0.0821
	制造业研发投入强度	0.0397
	制造业研发人员占从业人员比重	0.0132
	单位制造业增加值能耗	0.0748
	工业固体废物综合利用率	0.0116
	网络就绪指数（NRI 指数）	0.0099

资料来源：周济：《智能制造——"中国制造 2025"的主攻方向》，《中国机械工程》2015 年第 17 期，第 2275 页。

　　根据表 1-1 的制造业评价指标体系，计算出美国、德国、日本、英国、法国、韩国等主要工业化国家历年来的制造业综合指数，与中国的制造业综合指数进行对比后得出中国在世界制造业中所处的位置，即中国与英国、法国、韩国同处于世界第三方阵，而美国位于世界制造强国的第一方阵，德国、日本位于世界制造强国的第二方阵。中国与第一方阵和第二方阵国家制造业的差距主要表现在全员劳动生产率、制造业增加值率、创新能力、知名品牌方面。①

（三）预测了中国制造强国的发展进程

　　"中国制造 2025"对未来三四十年中国制造业综合指数发展趋势进行了预测，提出中国制造强国"三步走"的发展战略（见图 1-1）：第一步到 2025 年，制造业综合指数接近德国与日本，中国制造业进入制造强国第二方阵行列，在自主创新能力、制造业全员劳动生产率、工业化与信息化深度融合以及绿色低碳发展等方面迈上了新台阶，形成一批具有较强国际竞争力的跨国公司和产业集群，在全球产业分工和价

---

　　①　周济：《智能制造——"中国制造 2025"的主攻方向》，《中国机械工程》2015 年第 17 期，第 2273—2284 页。

值链中的地位明显提升;第二步到 2035 年,制造业综合指数达到世界制造强国第二方阵前列水平,与德国、日本等国并驾齐驱,成为真正的制造强国,创新驱动取得明显进展,优势行业具备引领全球创新的能力,制造业新动能完全取代旧动能,整体竞争力显著提高;第三步到 2045 年或新中国成立一百周年的 2049 年,制造业综合指数率略高于第二方阵前列水平,紧跟美国进入世界制造强国的第一方阵,真正成为同美国一样具有全球影响力的制造强国,制造业大部分领域具有全球创新引领能力和全球竞争优势,形成全球领先的制造技术与产业体系。

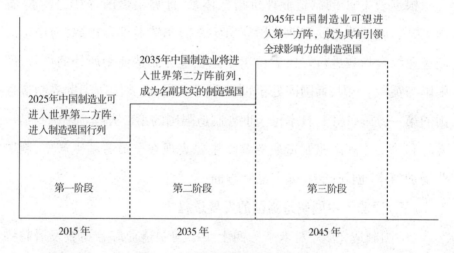

图 1-1　中国制造强国的发展进程

资料来源:笔者绘制。

(四)指明了中国制造业转型升级的方向

"中国制造 2025"明确了制造业转型升级的方向:智能化、精致化、绿色化、服务化。智能化就是促进工业化和信息化深度融合,落实创新驱动的理念,并用新技术改造和提升传统产业,加快推动新一代信息技术与制造技术融合发展,把智能制造作为主攻方向,着力发展智能产品和智能装备,推进生产过程数字化、网络化、智能化,培育新型生产方式和产业模式,全面提升企业研发、生产、管理和服务的智能化水平。精致化体现了制造业质量为先的发展方针,要求通过发扬工匠精神,全面强化质量意识,提高质量控制技术,完善质量管理机制,强化和推进先进的制造业标准,实现工业产品质量大幅提升,推进品牌建设,形成具有自主知识产权的名牌产品,不断提升企业品牌价值和中国制造品牌良好形象。绿色化就是要加大先进节能环保技术,工艺和装备的研发和推广,加快制造业绿色改造升级,积极推行低碳化、循环化、集约化,提高制造业资源利用效率,强化产品全生命周期绿色管理,努力构建高效、清洁、低碳、循环的绿色制造体系。服务化是制造业内部结构优化的最佳选择,加快制造与服务的深度融合,推动产业模式创新和企业形态创新,促进生产型制造向服务型制造转变,大力发展与制造业紧密相关的生产性服务业,推动我国制造业向价值链高端攀升,向微笑曲线两端移动。

（五）明确了中国制造业转型升级的组织实施机制

推动制造业转型升级,必须发挥制度优势,动员各方面力量,进一步深化改革,完善政策措施,整合各部门资源,建立灵活高效的组织实施机制(见图1-2)。

二、实施"中国制造2025"的初步成效

"中国制造2025"规划实施已近两年,虽然制造业投资增速自2011年以来经历4年多的持续下滑,但至2016年8月触及2.8%的低点后,2016年9月反弹至3.1%、11月反弹至3.6%,终于低位企稳。装备制造业和高技术产业更是成为11月规模以上工业增速加快的主要力量,这充分说明工业内部的转型升级态势在增强,投资内部结构呈现优化

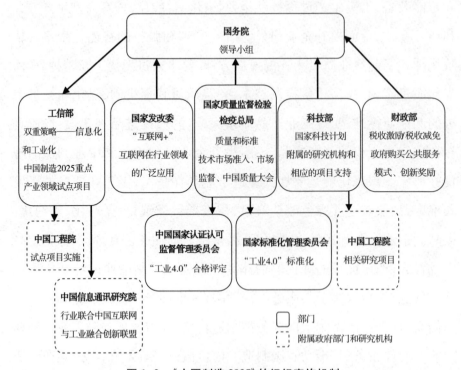

图1-2 《中国制造2025》的组织实施机制

资料来源:笔者根据国务院和相关部委发布的文件绘制。

趋势,工业领域新动能不断凝聚,向制造业转型升级迈出了坚实的第一步。

(一)智能制造给制造企业带来明显转变

2015年工信部确定的46个智能制造试点示范项目已经取得初步成效,有数据显示,智能制造试点企业的生产效率提高了38%、能源利用率提升了9.5%、研制周期缩短了35%。由于试点企业的示范效应,越来越多的中国企业主动采取措施,增加投入以推动生产模式的智能化改造,部分领先企业建设智能化车间或者互联网工厂,逐渐引入以人工智能为主要方向的智能制造技术来改造传统生产流程,以提高生产过程的智能化水平。

（二）国家制造业创新中心走在落实创新驱动前列

"中国制造2025"组建新的国家制造业创新中心，以解决面向整个制造行业的共性核心技术供给不足的问题，创新中心在许多方面走在了创新驱动发展的前列，其组织方式和内在运行机制都存在创新元素。比如：创新中心由行业内的骨干企业共同投资、共同建设；创新中心按照市场化原则运营，需要根据市场需求确定课题和研究方向，通过创新技术的产业化应用来获得机构的收入；通过建立中国特色的现代企业制度，充分调动创新中心内部个体的积极性，形成新的运行体制和运营机制。

（三）重大技术装备创新发展成最大亮点

中国重大技术装备正由引进吸收再创新走向自主引领创新、从"物美价廉"迈向"质优价高"的发展之路。以济南二机床"大型全自动汽车冲压生产线"为例，在与世界一流强手德国的机床巨头的激烈竞争中，不仅赢得国内市场近80%的份额，还成功进入国际高端市场，自2011年以来4次赢得福特汽车在美国本土4个工厂的9条大型冲压线项目，技术性能与质量可靠性完全达到福特汽车的要求，为中国制造业赢得了荣誉。

第二章　制造业转型升级的
国际经验与启示

发达国家的工业化经过两百多年的发展,已进入以技术密集型产业为主的后工业化阶段,制造业在发达国家工业化的进程中一直起着主导作用,全球最大的 100 家跨国公司中,近 80% 属于制造业,世界上所有的经济强国均是制造强国。而我国工业化起步较晚,制造业大而不强,正处于转型升级的关键期。本章通过描述以英、美、德、日为代表的发达国家制造业发展的历史进程,凝练这些国家制造业发展演进的路径特征,并对国际金融危机后典型制造强国制造业复兴与转型升级战略进行对比分析,以期对中国的制造业转型升级的路径和战略提供经验借鉴。

第一节　世界制造强国制造业的发展历程

自 18 世纪中叶以蒸汽动力应用为标志的第一次工业革命以来,英国、美国、德国、日本相继成为世界经济强国,回顾它们的工业化历程,一个共同之处是它们的制造业都曾在世界制造业中处于领先位置,制造业增加值和产量都曾占据较大份额。英国、美国和日本都曾是“世界工厂"或全球制造中心,德国制造至今誉满全球。没有强大的制造业,就没有世界经济强国。

一、英国制造业的发展历程

(一)英国"世界工厂"地位的确立阶段(1760年—19世纪中期)

18世纪后期,在发端于蒸汽动力的第一次工业革命推动下,英国逐步成长为工业强国。第一次工业革命促进了新技术逐渐应用于工业生产中,劳动生产率得到迅速提高,主导产业随着技术的演进而不断演变。例如,随着纺织机械的广泛应用以及不断改进,英国纺织行业的劳动生产率迅速提高,而随着水动力织布机技术的发明应用,织布行业的劳动生产率提高了数十倍之多,新技术的广泛应用使英国纺织业蓬勃发展。从18世纪中期到19世纪上半叶不到一个世纪的时间里,英国的棉纺织业逐渐成为英国的支柱产业。而棉纺织类的轻工业发展对相应的机械制造业提出了新需求,市场力量促使技术革新逐渐向重工业、交通运输、机械制造等部门传导,最终促进了英国机械、冶金、交通运输等重工业的发展,英国的主导产业也由纺织等轻工业转变为机械等重工业。到19世纪30年代,英国的机械制造业已成为主要出口行业,制造业商品的运输对交通运输设施、设备提出了新需求,轮船、机车等新交通工具得到快速生产应用。英国的工业结构又逐渐向以交通机械制造为代表的行业转变,主导产业在经历了纺织、冶金、煤炭、机器制造和交通运输这五个产业部门的演进后,1850年,英国的工业产值首次超越农业产值,成为世界上首个工业化国家。

(二)英国"世界工厂"的鼎盛阶段(19世纪中期—20世纪初期)

1850年英国成为全球首个工业化国家后,其工业继续高速发展,在19世纪70年代成为世界上首个"世界工厂"和"全球制造中心",在

19世纪晚期达到"世界工厂"的巅峰。当时的英国以占世界2%的人口生产了世界50%的工业产品,工业产品总量占全球总量的40%,煤产量、铁产量和棉织品产量甚至更多。例如,煤产量占2/3、铁产量占1/2、棉织品产量是世界所有其他国家的总和,当时的英国成为世界上首屈一指的制造业大国。[①] 1890年,英国工业部门的就业总额占总就业数的43%,不仅高于农业16%和服务业41%的比重,更高于同期的美国24%和荷兰32%的比重。[②] 这一时期,英国在全球贸易体系中居于统治地位,依靠快速的技术进步,英国冶金业等重工业部门的劳动生产率继续大幅提升,各主要工业部门的劳动生产率和生产量成倍成十倍地增长,1880年拥有轮船5247艘,航业收入在1872年达到5000万英镑,成为"世界运输行";1870—1874年,英国对外投资每年高达6100万英镑,成为"世界的银行家"。[③] 基于自身强大的工业生产能力,英国积极推行自由贸易,其一国贸易总额是美、德、法等多国的总和,英国在这一时期成为世界上最大的殖民国家,拥有海上霸权,殖民地遍布全球各地,成为英国工业发展的原材料产地和工业制成品销售的市场空间,可以说,殖民地为英国进一步扩大国际贸易,扩大本国制造业的市场规模提供了更大的动力。

(三)英国"世界工厂"的衰落阶段(20世纪初期至今)

在19世纪晚期成为世界工业强国后,由于第二次工业革命所依赖的电、内燃机、化工、人造纤维等核心技术未在英国迅速实现和推广,导

---

① 吴海民:《要素成本膨胀、"荷兰病"与中国制造业"空心化":基于世界工厂全球迁徙现象的分析》,《发展研究》2016年第12期,第51—57页。

② [英]安格斯·麦迪森:《世界经济千年史》,伍晓鹰等译,北京大学出版社2013年版,第87页。

③ 吕本友、陈南通:《英、日、美的创新之路》,《经济管理》2006年第11期,第94—96页。

致技术进步缓慢,传统产业由于技术改造滞后而不断萎缩;另外,美、德、日等新兴工业化国家利用第二次工业革命的发展机遇,大力提升工业制造能力,不断抢占英国传统产业在世界市场上的份额,积极发展以汽车制造、石油化工等为代表的新兴产业,抓住新技术革命的机会窗口迅速崛起。这一时期,在国内技术进步缓慢以及外部竞争激烈等不利因素的影响下,英国的工业逐渐陷入衰落的轨道中,工业总产值由 19 世纪鼎盛阶段占全球比重的 1/3 下降到 1913 年的 14%,降了 16 个百分点,到第二次世界大战后更是下降到全球比重的 6%,从此失去了"世界工厂"的地位。

两次世界大战后,英国对殖民地的控制逐步减弱,导致英国制造业失去了殖民地市场和廉价原材料,轻工业比重开始下降,重工业比重在第二次世界大战后超过轻工业。20 世纪 80 年代后,电子、石油、化工等新兴工业部门发展迅速,而炼铁、航海、采煤、纺织等传统工业部门衰退。第二次世界大战后美国通过"马歇尔计划"对英国进行经济援助,1955—1970 年,英国经济虽然平稳缓慢恢复增长,但其工业生产年均增长率落后于同期的日本、法国、德国和美国,进入 20 世纪 80 年代后,英国的制造产品贸易开始出现逆差,逐步成为制造产品的进口国。

面对制造业的不断萎缩,英国政府开始采取多项措施推动制造业转型升级,2005 年英国的五大制造业分别是食品与饮料、化学制品、印刷、机械设备和金属制品,与其他制造强国所表现出的重工业化和高新技术化相比,英国制造业显示出较"轻"的特点,随着经济全球化和分工体系的深化,英国制造业出现空心化,甚至"去工业化"趋势(见表2-1)。2010 年出口额占世界比例最大的 20 个行业中,大部分属于中等、高等技术水平的行业,但与 1995 年相比,除了非电动的发动机及零件、其他无机化学品的国际市场竞争力有所提升外,几乎所有其他行业的国际市场份额都有所下降,1995 年占国际市场份额 10%以上的印刷

品、药物、杀虫剂及类似产品(零售用)、电影摄影和照相用品,到 2010
年都下降到 10% 以下,拖拉机的国际市场份额也缩小为不到 1995 年的
50%,制造业的优势明显下降。

表 2-1　1995 年和 2010 年英国出口额占世界比例最大的 20 个行业

行　业	技术水平	2010 年出口额占世界比例(%)	1995 年出口额占世界比例(%)	2010 年相比1995 年的变化(%)
艺术品、珍藏品及古董	0	28.3	31.2	-2.9
非电动的发动机及零件	3	20.5	17.8	2.7
其他无机化学品	4	9.1	8.9	0.3
印刷品	0	9.1	11.4	-2.3
药物(包括兽医用药物)	4	8.8	13.4	-4.6
拖拉机	3	7.2	16.6	-9.3
有机无机化合物、杂环化合物、核酸	4	6.4	7.5	-1.1
香料、化妆品或盥洗用品(肥皂除外)	4	5.9	9.9	-4
珠宝及贵重材料制品	0	5.6	7.4	-1.7
杀虫剂及类似产品(零售用)	4	5.5	10.9	-5.4
测量、分析及控制用仪器	4	5.4	9	-3.6
内燃活塞发动机及零件	3	4.9	6.5	-1.6
颜料、涂料、清漆及相关材料	4	4.8	7.7	-2.8
肥皂、清洁和抛光制剂	4	4.8	8.1	-3.3
客运汽车	3	4.7	4.7	-0
电影摄影和照相用品	4	4.7	10.1	-5.4
香精油、香料	4	4.5	8.9	-4.4
办公用品和文具	0	4.4	5.4	-1.1
印刷和装订机械及零件	3	4.3	6.6	-2.3
医用和药用产品,药物除外	4	4.2	5.4	-1.1

注:技术水平栏中 1 表示劳动密集和资源制造,2 表示低等技能和技术制造,3 表示中等技能和技术制造,4 表示高等技能和技术制造,0 表示未分类。

资料来源:联合国贸易数据库①。转引自金碚、张其仔:《全球产业演进与中国竞争优势》,经济管理出版社 2014 年版,第 157 页。

---

　　① 联合国贸易和发展会议将 157 个工业行业按照制造技术水平分为五类:劳动密集和资源密集型制造行业、低技能和技术制造行业、中等技能和技术制造行业、高等技能和技术制造行业、未分类。

二、美国制造业的发展历程

(一)美国制造业上升阶段(1861 年—19 世纪末)

南北战争前夕的美国是个农业国,仍有 80% 的人口在农村,农业在国民收入中的比重占 30.8%,制造业仅占 12.1%。[①] 1865 年南北战争结束以后,得益于蒸汽动力的普遍应用、美国制造体系的逐步普及,美国的制造业迅速发展,到 19 世纪 70 年代末期,已在全国范围内完成了产业革命,实现了由农业国向工业国的过渡,对于制造业在此期间的巨大成功,最具说服力的证据之一就是两大百货零售巨头蒙哥马利·沃德和西尔斯·罗巴克的年度商品目录,这两个超过 600 页的目录涵盖了数千种商品,它们共同展示出 19 世纪末之前美国制造业的宏大与辉煌。[②] 与此同时,美国制造业快速赶超老牌制造强国英国,在 1870 年,英国在全球制造业中还占据近 1/3 的比重,而美国在当时的比例还不足 1/4,进入 19 世纪 80 年代末,这个顺序发生了巨大的变化,美国的份额达到了 36% 左右,相比之下,英国的份额则下降到了不足 15%[③],1884 年美国的工业产值比重已超过农业,达到 51.95%,到 1894 年工业产值更达到 94.98 亿美元,英国则达到 42.63 亿美元,德国为 33.57 亿美元,美国远超英国和德国,跃居世界第一位,成为世界头号工业大国。

(二)美国制造业的统治阶段(19 世纪末—20 世纪 70 年代)

19 世纪 80 年代以来,美国的经济效率、劳动生产率和技术创新一

---

① 储玉坤、孙宪钧:《美国经济》,人民出版社 1990 年版,第 16 页。
② [加]瓦科拉夫·斯米尔:《国家繁荣为什么离不开制造业》,李凤海、刘寅龙译,机械工业出版社 2015 年版,第 25 页。
③ [加]瓦科拉夫·斯米尔:《国家繁荣为什么离不开制造业》,李凤海、刘寅龙译,机械工业出版社 2015 年版,第 22 页。

直处于世界领先地位,这成为美国制造业产品产量猛增和新技术、新发明、新产业层出不穷的原动力,也是美国在随后的 120 年里始终维持着世界制造业霸主地位的根本原因。这一时期,美国充分利用第二次工业革命的窗口期,把 19 世纪后半期的诸多发明创造在 20 世纪的最初几十年转化为实实在在的生产力,从电力、电话、照明,到钢铁、石油、汽车、飞机、计算机、通信等行业无不先后成为支撑美国制造强国地位的优势产业。这一阶段可以分为两个时段,第一时段是 1900—1940 年,第二时段是 1941—1973 年。

第一时段(1900—1940 年)是美国制造霸主地位得到巩固的时期。20 世纪第一个十年,美国制造在很大领域取得了突破,最著名的例子莫过于莱特兄弟 1904 年完成人类第一次动力飞行。20 世纪第二个十年爆发了第一次世界大战,美国的各类老式和新式武器产量也提高到前所未有的水平,新式武器包括坦克、军用卡车和飞机,这一时期最著名的发明当属"自由"牌发动机。第三个十年被称为繁荣的 20 年代,1920—1929 年,美国 GDP 增长率约 45%,人均 GDP 增长率近 30%,制造业电气化进程结束,人们的生活品质大幅提高。20 世纪第四个十年虽然经历了严重的经济危机,但"罗斯福新政"缓解了经济危机的严重后果,保护了生产力,在这个十年里,19 世纪 60 年代以来出现的各项重大技术进步进一步巩固,美国工业生产电气化得到普及。1899 年,电动机在工业原动机总功率中占据的比例还不足 5%;到 1917 年,电动机总功率首次超过工业蒸汽机的总功率;到 1929 年,电动机提供动能比例上升到 82%;到 1939 年,比例达到 90%,在制造业的每一个门类,电动机始终是主要的原动机。20 世纪 20 年代,随着民用电力网络的扩展,电熨斗、电热水器、电风扇、电冰箱、收音机等家用电器走入寻常人家,1929 年,电冰箱销量达 89 万台;到 1940 年,电冰箱销量达

200 万台。① 除了家用电器制造业外,随着电力普及,围绕电力发展起来的生产、传输、分配电力的设备和零部件制造业应运而生,成为这个时期美国最大的优势产业之一;汽车制造业在 1900 年后随着福特制生产方式的普及,在 1930 年超过其他行业,成为美国制造业的"领头羊"。

　　第二时段(1941—1973 年)是美国制造独霸世界的黄金时期。20世纪 40 年代,美国在制造业的每个领域中几乎都成为商品生产国,美国制造业的效率是当时世界最高的,低成本能源资源加上廉价的电力供应,使美国制造业成为世界上最具多样性的产业。在 1948 年到 1973 年的 1/4 个世纪里,美国制造业的巨大进步创造出一个名副其实的大众消费社会,为走上工业生产巅峰并引发电子计算机技术的爆发奠定了基础。第二次世界大战促使美国弹药、炸弹、坦克、飞机、轮船等战争物资的大规模生产,1941—1944 年,军用船只年产量增加了 25 倍,飞机制造成为战时规模最大的行业,美国在第二次世界大战期间的飞机总产量达到 295959 架,远超同时期英国的 117479 架、德国的 111787 架和日本的 65087 架,美国成为军用物资和食品的净出口国。第二次世界大战期间,美国 GDP 在 1944 年达到了顶峰,超过 1940 年的水平近 75%,1938 年,第二次世界大战参与国的五大强国(苏联、德国、英国、日本、法国)的 GDP 总和高于美国近 70%,到 1945 年,美国 GDP 已超过这 5 个国家总和的 20%。在 1945 年上半年,美国商品和服务总产值在全球的比例达到 35%,而十年前这一比例仅为 15%。美国制造业的生产能力在全球总量中比例超过 40%,这一时期的绝大部分时间里,制造业始终是美国经济增长的首要来源:1948 年,制

---

　　① [加]瓦科拉夫·斯米尔:《国家繁荣为什么离不开制造业》,李凤海、刘寅龙译,机械工业出版社 2015 年版,第 51—53 页。

造业对美国 GDP 贡献率为 26%，1950 年为 27%，1955 年为 28%，1960 年为 25.4%，1965 年为 25.7%，1970 年为 22%。从绝对量看，1948—1973 年间，制造业创造的价值总量增加了三倍多，从 700 亿美元提高到 3000 亿美元，按不变美元计算，这一增量相当于 2.3 倍左右。与此同时，制造业雇佣劳动力数量也从 1948 年的 1470 万增加到 1973 年的 1720 万，到 1973 年，制造业雇佣劳动力数量已比 25 年前增加了 30%，总量增长了 20%左右，另外，这一时期的半成品和成品的出口也增加了 4 倍，从 1948 年的 85 亿美元增加到 1973 年的 330 亿美元。

（三）美国制造业的相对削弱阶段（20 世纪 70 年代至今）

从 20 世纪 80 年代初开始，美国传统制造业开始出现一些问题，如产品技术开发速度慢、产品质量不稳定等。而经过第二次世界大战后的恢复期，西欧各国以及日本等国制造业实力却在同期大幅提升，制造业产品开始能与美国产品一争高下，美国制造业在国际市场上的份额逐渐走低。一些日、欧制造产品甚至开始涌入美国国内市场，以粗钢为例，1973 年美国粗钢产量达到历史最高的 1.37 亿吨，1982 年已经不足 6800 万吨，1948 年，美国还是钢材的净出口国，并将这一地位一直维持到 1958 年，此后，其钢材进口量逐年增加，到 1973 年，美国消耗的钢材进口已占到全球销量的 10%左右[1]；另一个明显进入颓势的行业是汽车制造业，1979—1981 年，美国产汽车销量下降了 25%，而进口汽车销量却占到总销量的近 30%，1980 年日本汽车产量首次超过美国，到 20 世纪 90 年代末，日本汽车在美国的市场份额达 30%；同样来自日本挑战的行业是电子行业，1987 年，日本在 1M 芯片全球总产量中的比例达

---

① ［加］瓦科拉夫·斯米尔：《国家繁荣为什么离不开制造业》，李凤海、刘寅龙译，机械工业出版社 2015 年版，第 108 页。

到 42%，而美国的份额却下降到了 30%。

里根政府在 20 世纪 80 年代大力发展高新技术产业以应对欧、日等国在制造业领域的挑战，通过传统产业的技术改造，提高传统产业的劳动生产率，同时大力发展以航空、医药、信息业为代表的高新技术产业，使美国制造业产业结构逐渐向高级化转变。美国制造业的增速在此期间一直快于经济增速。有数据显示，1980—2000 年，美国的制造业劳动生产率年均增速达到 3.5%，这一增速明显高于制造业之外其他产业的增速，这源于互联网等新经济形态的支撑，据统计，1990—2000 年，美国制造业对 GDP 增长的贡献率达到了 46%。

21 世纪后的美国经济发展动力下降，被称作"美国脊梁"的美国制造业也经历了"空心化"的过程。美国制造业增加值占 GDP 比重从 2000 年的 15.6% 降低到 2009 年的 12.6%；制造业就业人数从 2000 年占总就业人数比重的 21.6%，降低到 2010 年的 8.2%，而 2010 年德国和日本的这一比例分别是 19% 和 18%；2000—2010 年，美国制造业总产值的增长率降低了 11%，同期日本和德国制造业的增长率分别为 3.2% 和 9.5%。瓦科拉夫·斯米尔[①]认为，在 1990—2010 年的 20 年里，美国制造业的每一个重要门类都未能逃脱退步的命运，国内市场份额逐渐转移给国外厂商，很多门类甚至全军覆没。与此同时，美国以金融业、房地产业为代表的"虚拟经济"产业得到空前发展，"脱实向虚"导致 2008 年金融危机的爆发，美国各界开始意识到制造业的重要性，认为服务业的发展如果没有坚实的实体经济的支撑，将是空中楼阁不堪一击，制造业是任何一个大国发展的持久动力，"再工业化"随之成

---

① ［加］瓦科拉夫·斯米尔：《国家繁荣为什么离不开制造业》，李凤海、刘寅龙译，机械工业出版社 2015 年版，第 148 页。

为美国当前经济转型发展的重要举措。21 世纪初以来,美国传统制造业的竞争力虽然有所削弱,但美国仍以巨大的技术研发能力继续占据着世界制造业价值链的高端。

三、德国制造业的发展历程

(一)德国制造业体系形成阶段(1871—1914 年)

1871 年德国统一之前,以普鲁士为代表的德国工业革命是从纺织业开始的,但受制于当时的"世界工厂"英国对纺织业的垄断,以及关税同盟对交通运输的需求,德国大力发展铁路运输,对铁路设备的需求带动了冶金、机械制造、煤炭等重工业的发展,造就了当时欧洲最大的重工业集聚区与工业人口密集区:鲁尔区。而以蒸汽机车制造为代表的德国机器制造业和金属加工业得到了迅速发展,大量产品出口欧美市场,市场份额不断扩大,1870 年的德国工业总产量在世界工业总产量的比重已达到 13.2%,其先发地区已基本完成工业化,德国逐渐发展成为先进资本主义国家。

1871 年德国统一后,借助 19 世纪后半期以来的第二次工业革命的机遇期,德国利用电能、内燃机等高新科技改造了传统钢铁煤炭和机器设备制造业,逐步建立了以加工工具和缝纫机等为主的轻型机器设备制造业、以机床为主的重型机器设备制造业和电力机器设备制造业;这一时期,德国制造企业还开创了化学和制药等高新技术制造业,在这些领域逐渐获得了世界统治地位,"德国制造"的大名遍及化学、制药、电气设备、精密仪器等诸多生产制造领域。到 20 世纪初,德国工业总量超过所有欧洲国家,仅次于美国,跃居世界第二位。煤炭产量从1871 年的 2940 万吨上升到 1913 年的 19150 万吨,钢铁产量也超过了英法总和,跃居欧洲第一;化工产品总量跃居世界首位;1913 年,德国发电量达 51 亿度,而同年的英国是 45 亿度,德国在世界电气工业生产中的比重达到 34.9%。[1] 钢铁、煤炭、化工、电力、机械等重工业发展,使德国形成了以重化工业为主的相对完整的制造业体系,跻身欧洲工业强国行列。

(二)德国制造业受到重创阶段(1914—1945 年)

1914—1945 年的两次世界大战期间,德国制造业遭遇了重创,1919 年德国工业生产只有第一次世界大战前产量的 42%,在资本主义国家所占比重也由 1913 年的 16% 下降到 1920 年的 9%,1923 年由于"道威斯计划"的援助,德国制造业迅速恢复,到 1929 年,德国在钢铁、电力、机器设备、化工等领域再度超过英法,回到世界第二位。但好景不长,在随后的第二次世界大战中,以采煤、钢铁、化学、机械制造等重工业为核心的鲁尔工业区遭到重创,国民财富一半以上毁于战火。

(三)"德国制造"走向世界的阶段(1945 年至今)

第二次世界大战后,德国制造业再次进入黄金发展期,以内需为主的大规模恢复性重建刺激了德国能源、钢铁、建筑、机械、化学、汽车等制造行业的大发展。1950—1973 年,联邦德国的工业平均增长率达7%,1971 年联邦德国工业生产占整个资本主义世界比重的 7.8%,与日本并列第二。[2] 其中,汽车制造业尤为突出,1970 年,德国大众汽车在美国市场的销量超过 30 万辆,占全部市场销售量的 6% 以上,几乎打破了福特 T 型车的销售纪录。[3] 从 20 世纪六七十年代开始,德国经济增长方式开始由粗放型向集约型转变,石油、钢铁、化工等传统高耗能、

---

① 陈佳贵、黄群慧:《工业大国国情与工业强国战略》,社会科学文献出版社 2012 年版,第 23 页。

② 丁建弘:《德国通史》,上海社会科学院出版社 2002 年版,第 212 页。

③ 巫云仙:《"德国制造"模式:特点、成因和发展趋势》,《政治经济学评论》2013 年第 3 期,第 144—166 页。

高污染、低附加值重工业逐步向汽车、飞机、电气机械等低能耗、低污染、高附加值的重化工业转型。此外,德国大力发展微电子技术、生物技术等高新技术产业,到20世纪90年代,德国已在世界高新技术出口方面占据重要地位。与美国不同,德国在发展高新技术产业的同时,一直很注意保持传统产业的竞争力,比如汽车产业一直是德国的支柱产业,一直在世界汽车业高端市场占据领导地位,而机械制造业是德国保持竞争力的另一传统优势产业,2003年,德国成为全球机械制造业最大出口国①,一些新兴工业化国家虽然生产了规模巨大的产品,但生产所用机械设备却是从德国进口的,以纺织行业为例,全世界纺织业几乎都在中国,但中国的纺织机械几乎全部来自德国。2008年国际金融危机爆发以来,正是有制造业的有力支撑,德国经济才在全球经济颓势中率先复苏走出衰退,"德国制造"以及德国政府适时推出的"工业4.0"战略都成为德国走向世界的名片,如表2-2所示,2010年德国出口额占世界比例最大的20个工业行业的国际市场占有率都很高,最低16.4%,最高38%,1995年前20个优势行业在2010年仍有11个行业位于前20位,说明德国制造的优势行业的国际竞争力很强。

表2-2 1995年和2010年德国出口额占世界比例最大的20个行业

行　业	技术水平	2010年出口额占世界比例（%）	1995年出口额占世界比例（%）	2010年相比1995年的变化（%）
塑料单丝（截面>1毫米）	4	38	38.5	−0.5
印刷和装订机械及其零件	3	30.1	31.8	−1.7
传动轴	3	23.5	24.4	−0.9
客运汽车	3	22.8	20.9	1.9

---

① 斯特凡·泰尔:《众厂之厂——德国制造业制胜全球化时代》,《装备制造》2008年第4期,第53—57页。

行　业	技术水平	2010年出口额占世界比例（%）	1995年出口额占世界比例（%）	2010年相比1995年的变化（%）
飞机和相关设备、航天飞机等	4	22.3	11.5	10.8
造纸厂和制浆厂机械、制造纸制品机械	3	21.1	21.2	-0.1
铁路车辆及相关设备	2	20.9	17.8	3.1
非电动机械、工具和机械器械及零件	3	20.4	25.6	-5.2
医用电子诊断设备	3	20.4	21.7	-1.3
液体泵	3	18.5	25.7	-7.2
管、水管、塑料软管	4	18.3	20	-1.7
食品加工机械（非家用的）	3	18.2	19.1	-0.9
适用于加工金属、切削材料的机器的零件及附件	3	18.2	19.6	-1.4
切削材料的机床	3	18.1	17.5	0.6
动力机械及零件	3	17.8	24.3	-6.5
卫生、水道、供暖设备和配件	2	17.5	18.2	-0.7
拖拉机	3	17.3	19.1	-1.8
测量、分析及控制用仪器	4	16.9	15.9	1
农用机械（拖拉机除外）及零件	3	16.7	17.9	-1.2
滚珠轴承或滚柱轴承	3	16.4	18.2	-1.8

注:技术水平栏中1表示劳动密集和资源制造,2表示低等技能和技术制造,3表示中等技能和技术制造,4表示高等技能和技术制造,0表示未分类。

资料来源:联合国贸易数据库。转引自金碚、张其仔《全球产业演进与中国竞争优势》,经济管理出版社2014年版,第157页。

四、日本制造业的发展历程

（一）日本初步完成工业化时期（1868年明治维新—第二次世界大战）

发生于1868年的明治维新,使日本开始全面学习西方发达国家先进技术,发展现代制造业,日本先后经历了纺织、钢铁、造船、海运、铁路等行业的工业化历程,到第二次世界大战前夕已形成了较强的制造能力。以棉纺织业为例,棉纺工人数量从 1886 年的 1877 人增加到了 1899 年的 7.39 万人,同期纱锭数从 49704 锭增加到 1135111 锭,增幅达 20 倍左右;到 1942 年,日本纱锭数增至第二次世界大战前最高的 1300 万锭[①];进入 20 世纪,日本工业逐步向重工业转换,日本的钢产量由 1909 年的仅 10 万吨增至 1935 年的 470 万吨,机械工业产量也在 1931 年到 1938 年间增加 8 倍以上,出口增加 9 倍以上;此外,日本的造船、海运等行业也迅猛发展,第二次世界大战前夕,日本重工业比重首次超过轻工业比重,工业比重首次超过农业比重,基本完成了工业化。

(二)日本制造业的高速增长期(第二次世界大战后—20 世纪 70 年代)

第二次世界大战后,日本以重化工业为中心大力推行产业合理化,逐步使产业结构由轻工业、农业主导型向重化工业主导型转变,1950 年,一、二、三次产业比重分别为 26%、31.8%、42.2%,此后日本陆续通过"钢铁第一次合理化计划""汽车合理化三年计划""煤炭合理化三年计划""造船合理化计划""电源开发五年计划"等[②]产业合理化规划,推动产业结构向重工业化演进。到 20 世纪 70 年代初,日本基本完成了产业结构的重工业化过程,工业重化工业比重由 1955 年的 42.7%上升为 1970 年的 68.9%,出口商品中重化工业产品比重也由 1955 年的 38%上升到 1973 年的 79.4%,其中机械类占 55.1%,纺织品下降到

---

① 陈佳贵、黄群慧:《工业大国国情与工业强国战略》,社会科学文献出版社 2012 年版,第 30 页。

② 国务院发展研究中心:《我国产业结构升级面临的风险和对策》,《经济研究参考》2010 年第 13 期,第 2—43 页。

8.9%,这都表明日本的制造业有了较强的国际竞争力。

（三）日本制造业的调整优化期（20 世纪 70 年代至今）

从 20 世纪 70 年代开始,日本制造业产业结构开始了两个转变的过程:从重化工业主导向高新技术产业主导转变、从劳动密集型向知识技术密集型转变。1971 年,日本提出了沿着研发工业、高级装配工业、时令性工业、知识产业四大方向发展知识技术密集型产业。其中,研发工业包括电子计算机、飞机、电气机车、产业机器手等;高级装配工业包括数控机床、自动仓库、高级成套设备等;时令性工业包括高级服装、高级家具等;知识产业包括信息处理与提供服务、系统工程等。这些产业政策的积极效果在十年后得到体现:到 20 世纪 80 年代,日本的汽车、机床、造船等行业的产量开始占据世界首位;到 20 世纪 90 年代,日本的集成电路的产量又排到世界首位,日本产业结构也因此进一步调整优化;从出口结构看,1997 年,日本出口产品中 60%是机械设备,33%是机械零部件,高精尖技术产品在整个出口产品中占 25.3%;从研发经费看,1980—1995 年,日本制造业的研发投入强度一直保持增长趋势,1995 年达到 2.7%的高水平。

20 世纪末期,国际经济环境发生变化,日元大幅升值,日本也没能及时调整产业结构,导致出口下滑,家电和汽车产业开始向国外转移,进入 21 世纪以来,日本大力发展高技术产业,并注重用新技术改造传统制造业,日本工业调查会还提出了以光电产业、信息通信产业、健康和福利产业、环境和新能源产业为代表的四大主导产业。2008 年金融危机后,日本国际贸易委员会和日本通产省分别于 2009 年和 2010 年发布了《日本制造业竞争战略》和《日本制造业》专题报告,全面推动以制造业为主的五个战略性产业的战略蓝图,注重基础研究,进一步发展高新技术产业来促使制造业结构调整。

第二节　世界制造强国制造业
转型升级的路径特征

一、英国制造业转型升级的路径特征

(一)制造业转型升级的内生性特征

英国的工业化完全是以一种内生式的路径实现的。15世纪末开始的圈地运动,使没有土地的、大量的自由劳动力被雇佣,刺激了农业领域率先实现商品化生产,以满足雇佣劳动力的粮食需求,农业的先行发展促进了人口增长,为工业提供了广阔的国内市场和充足廉价的劳动力,工业革命后,机械化的生产方式降低了制造品的价格,又使实际购买力提高,为工业化大生产奠定了基础。这种内生式的方式造就了制造业首先依托本国资源禀赋产业成为支柱产业,进而依靠殖民地的市场规模和原材料供应,不断发展壮大,在纺织业、采煤业、炼铁业、机器制造业等行业尤为突出。内生性的工业化实现方式,造就了英国制造业的霸主地位,但是由于传统制造业的固有优势和路径依赖,也导致英国在第二次工业革命时期不能快速应用新技术,制造业转型升级明显滞后,主要因为电、内燃机、化工、人造纤维等新动力与英国业已形成的煤炭动力相抵触,传统产业无法及时改造,新兴产业不能及时填补空白,早期大工业城市如伦敦、伯明翰、利物浦、曼彻斯特等许多工业企业不得不关停并迁,导致了英国制造的"空心化",到20世纪70年代,英国彻底失去了制造业优势。

（二）制造业转型升级遵循串联式演进规律

英国制造业在工业化过程中遵循正常的产业结构演进规律,其工业化的过程大致沿着轻工业—重化工业—高度加工化—技术集约化这一串联式的演进路径进行。工业化初期,英国制造以纺织业为主,轻纺业的发展对煤炭、钢铁等其他原料及机器设备产生越来越大的需求,带动了重工业的发展。工业革命后,英国制造业基本完成了以棉纺织业为主向重工业为主,以劳动密集型为主向技术密集型为主的转变,纺织、交通、煤炭、机器制造和交通运输成为英国五大制造行业。20世纪60年代,针对传统制造业出现的严重衰退问题,英国政府实施了产业结构调整政策,制造业转型升级有所进展:一方面,诸如煤炭等传统制造部门被大量削减,一些传统行业利用高新技术改造转变为高新技术产业;另一方面,通信、计算机等相应的高新技术和生产服务业在经济中的比重逐渐增加。1998年,服务业占GDP比重达到67%,英国进入服务型经济时代。

二、美国制造业转型升级的路径特征

（一）技术创新是美国制造业转型升级的原动力

美国牢牢把握住了第二次工业革命提供的窗口机遇期,在诸多重要科技领域积极创新并取得了突破性进展,且迅速将科技创新成果应用到制造业生产过程,推动了制造模式和消费模式的大变革。有数据显示,第二次世界大战后,资本主义世界有65%的重大发明在美国首次研制成功,其中的75%在美国率先应用,而其中的绝大部分应用在制造业领域。自20世纪50年代开始,美国开启了第三次技术革命,其重要标志是电子技术、原子能技术、计算机技术以及航空航天技术领域的创新以及广泛应用。在新技术的推动下,美国制造业内部结构也发生了转变,主导产业由重化工业转向加工组装为主的高附加值产业,特别是从 20 世纪 70 年代开始的信息技术革命,一直延续到了 21 世纪,对美国制造业内部结构调整起到了巨大的推动作用,信息技术的不断进步造就了一大批信息技术产业集群,同时降低了要素跨部门跨地区流动的成本,进一步加速美国制造业内部结构调整优化。新技术的出现催生了新的需求,新的需求又催生了新产业,美国制造业正是在新技术、新需求、新产业不断创造的过程中实现了转型升级。而正是凭借在第二次工业革命中确立的主导地位,美国在钢铁、电力、重化工等主导产业的带动下,在 19 世纪末 20 世纪初迅速反超英国,坐上世界头号制造强国的宝座一直到今天。

(二)产业政策引导制造业转型升级的方向

在第二次世界大战后经历了几十年的黄金发展期,美国制造业开始遭遇一连串的内忧外患,分别是发生在 20 世纪 60—70 年代的"滞胀",发生在 1979—1981 年的经济衰退,自 20 世纪 70 年代以来日本制造业对美国制造业发起了强劲挑战。为了应对这些内忧外患,提高美国制造业的国际竞争力,美国政府发布产业政策,通过发展高新技术产业来引导制造业的转型升级。例如,20 世纪 90 年代开始,克林顿政府发布了一系列中长期科学技术发展规划,最著名的规划当属"信息高速公路"计划,此类规划的实施强有力地推动了美国高新技术制造业,特别是信息技术制造业的迅猛发展;除了发布高新技术发展的产业政策,美国还积极倡导全球化,美国跨国公司成为全球化的积极践行者,其高新技术产品也随之销往全球市场;美国政策还积极引导第二次世界大战以来积累起来的先进的军事技术向民用制造业渗透,大大提高了民用制造业的技术水平和全球竞争力。产业政策的积极效应逐渐显现,在 20 世纪 90 年代,美国通过新技术革命的领先地位,在代表 21 世纪发展方向的一系列制造产业中继续占据霸主地位,取得了全球竞争优势。

(三)国内市场规模对制造业转型升级拉动作用明显

美国国内市场规模巨大,第二次世界大战后形成了大众消费模式,大众消费模式释放了消费市场的潜力,直接倒逼制造企业通过技术进步不断开发新产品以满足不断升级的市场需求,客观上促进了制造业的转型升级。据统计,当时美国的消费支出占全国总产值的比重高达70%,随着收入水平的不断提高,消费结构必然从普通大众化产品向耐用高档化产品转变,由消费产品向消费服务转变,这进一步刺激美国制造业结构的高级化、服务化趋势。据统计,截至2006年,美国消费总支出达到92708亿美元,是1950年的近50倍,其中,耐用消费品支出达到1071.3亿美元,是1950年的307亿美元的3.49倍;而非耐用消费品支出为2716亿美元,是1950年的982亿美元的2.76倍;服务消费支出达到54836亿美元,是1950年的633亿美元的8.66倍。① 尤以金融、证券、投资等生产服务业增长最为迅速,从而推动制造业向服务型制造转型升级。

(四)通过国际分工占据制造业价值链高端来促进制造业转型升级

自20世纪90年代以来,美国充分利用经济全球化带来的机遇,支持本国跨国公司在全球范围内重组资本、技术、人员等生产要素,进行全球化战略布局,以促进制造业转型升级。全球化的初期,美国只是将部分劳动密集型加工组装环节转移到其他劳动力成本低的国家或地区,但自90年代后期以来,随着全球化程度的加深,跨国公司进行全球配置已不再局限于生产制造环节,而是延伸到了研发设计、采购销售以

---

① 国务院发展研究中心:《我国产业结构升级面临的风险和对策》,《经济研究参考》2010年第13期,第2—11页。

及售后服务等高端环节,美国的跨国公司甚至完全退出了生产环节,出现了"虚拟工厂"现象。例如,耐克公司就是全球"虚拟工厂"的先驱,耐克公司将产品的生产加工环节全部外包给东南亚地区的发展中国家,充分利用其劳动力成本极其低廉的优势,以获取利润最大化;波音公司将民用飞机的全球价值链转移扩展到融资、租赁以及人员培训等下游服务环节。随着跨国公司全球产业转移趋势的不断加强,美国制造的"空心化"趋势越来越明显,美国制造业产值占 GDP 比重从第二次世界大战后的 40%下降到 2009 年的 12.6%,制造业就业比重从最高时的 35%下降到 2010 年的 8.2%。美国把全球化战略作为本国制造业结构升级的助推器,通过把产业价值链中低端环节转包给国外制造商,在本土集中力量发展高附加值环节,再通过向全球市场销售高技术产品来收回投资,通过抢占高收益的价值链环节而占领世界制造业的制高点。但越来越明显的制造业"空心化"趋势,使美国经济高度集中于高风险的研发和金融服务领域,2008 年爆发的金融危机使美国重新认识到制造业的重要性,随后出台了一系列"再工业化"措施以促使制造业回流。

三、德国制造业转型升级的路径特征

(一)持续渐进式创新是制造业不断升级的根本动力

19 世纪 80 年代,工业化初期的德国产品也曾仿制、山寨产品遍地,因为仿造英国的机床产品而引起英国当局的不满,英国议会甚至因此于 1887 年专门修改了《商标法》,规定所有出口到英国的德国商品必须标明"德国制造"字样,以与英国制造的优质商品相区别。这极大地刺激了德国机器制造商,为改变"德国制造"劣质形象,经过二十多年持续渐进的技术改进,德国机器制造商不断完善机床性能,终于在1893 年的芝加哥世界博览会上扭转局面,由质次、精度低的形象转变为质优、精度高的形象,从而确立了德国在机器设备制造领域的世界领先地位。

此后,德国制造在世界长期保持竞争优势,大部分原因是在诸如机器制造这样有限的产业进行持续的产品开发和创新,追求产品品质的精益求精,这种不断提升产品质量的渐进性创新模式是德国诸多中小企业的普遍战略。例如,世界最大的链锯生产商斯蒂尔(Stihl)就曾在一年中进行了42项创新,虽然没有一项是颠覆性的,但每一项都从不同的角度改进了产品,在降噪、节能、增进安全等方面都有更好的表现[①],从很微小的改进做起,而不是把宝都押在创时代的新发明上,这些渐进的改良日积月累造就了德国制造在产品和服务上的优越性,持续渐进性创新不仅局限于产品上,也包括了工艺流程、销售方式、产品服务等多方面创新。

(二)中小企业是推动制造业不断升级的"隐形冠军"

德国前任驻华大使施明贤认为,德国制造注重质量而不是数量,重视特殊的、专业化强的产品,而不是大规模制造产品,德国支持中小企业发展,除了少数大企业外,德国有大量的中小企业,它们灵活、市场反应灵敏、专业化程度高,更容易拥有利基市场,这些中小企业往往在行业内处于领先位置,或拥有数一数二的市场份额,或具备独一无二的技术优势,年收入大都在50亿欧元以内,具备这些特征的企业被赫尔曼・西蒙教授称为"隐形冠军"。[②] 据西蒙教授统计,目前全世界共有3000多家"隐形冠军",其中有1500家分布在德国,这些"隐形冠军"同

---

① 华璐、沈慈晨:《德国制造:一个国家品牌如何跑赢时间》,重庆出版社2015年版,第43页。

② 华璐、沈慈晨:《德国制造:一个国家品牌如何跑赢时间》,重庆出版社2015年版,第3页。

样是德国制造不断转型升级的利器。

首先,中小企业由于规模限制,不可能发展范围经济,并进行多元化经营,它们要在行业中占有一席之地,就必须拥有专有生产技术和研发能力,并能够生产高度精专的产品,因此激烈的竞争倒逼中小企业不断研发与创新。数据显示,它们拥有极强的创新与研发能力,有54%的中小企业为市场带来过产品或者工艺流程上的创新,比欧盟的平均值高出20%,"隐形冠军"有85%视自己为行业内的"技术领导者",它们平均会将产品销售收入的5.9%用于研发投入,许多企业甚至超过10%,研发和创新所带来的品质升级更给德国企业带来产品溢价。据西蒙教授统计,德国"隐形冠军"的溢价率为10%—15%,即便在价格压力较大的领域,溢价率也在5%以上。其次,中小企业的国际化经营也为德国制造业的转型升级开拓了市场空间。德国从2003年开始,连续6年蝉联世界出口冠军,只是到了2009年和2010年才分别被中国和美国超过,退居第三位置,但人均出口量仍旧排第一位,在所有涉及出口业务的35万家德国企业中,中小企业占据98%,2011年它们的出口额近6000亿欧元,占到全国出口总额的一半。①

(三)多元主体分工合作的创新体系是转型升级的制度保障

"德国制造"的背后是政、产、学、研等多元主体分工合作的研发与创新体系,政府、企业、大学、研究机构、中介组织在研发中各司其职、协同合作,使创新成果顺利商业化。

首先,联邦和州政府负责协调大学、科研机构和企业各方合作,为技术创新提供政策、资金、人才的支持和宽松的社会环境。值得注意的是,政府并非自上而下地出政策,联邦政府对产品研发创新的支持并非

---

① 华璐、沈慈晨:《德国制造:一个国家品牌如何跑赢时间》,重庆出版社2015年版,第21页。

通过中央的宏观规划,而是通过分散的基层政府,政府以自下而上的方式与产业展开合作,参与方式并非直接确定研发方向,而是为企业创造研发创新的激励框架。例如,2012 年 3 月,德国联邦政府推出《高科技战略行动计划》,提出从 2012 年至 2015 年共投资 84 亿欧元,用来推动在"高科技战略 2020"框架下十项未来研究项目的开展。德国联邦政府对企业研发的支持方式有两种:一是直接项目支持,联邦政府选择特定的产业部门或技术并对其研发进行直接财政补贴,资金可来自于基金会、国家发展银行或其他风险资本,这些直接补贴常集中于一些前瞻性基础科学中。二是间接研发支持,政府一般不选择特殊的支持领域,而由企业自行决定其研发活动目标,政府主要通过对企业研发活动减税、资助聘用研发人员、支持技术创新转让以及技术咨询等方式进行支持。此外,政府还会和企业共享很多基础研究的成果,对于那些想将研发成果转化为专利的中小企业和科学家,联邦政府通过公共服务机构帮助它们节约成本,比如设立专利服务代理机构,帮助中小企业、创业者和科学家申报专利。无论是直接、间接补贴还是提供研发公共服务,德国政府都旨在推动科学界和商业界联手,将这些超前的研究成果转化为具有创新性的产品,为本国制造业向前瞻性的行业升级提供制度保障。

此外,德国联邦政府通过立法、机构设置和政策为科研人员和机构解决后顾之忧,比如《科学时间合同法》就规定,在科学工作者取得博士学位之前,高校和研究机构有义务为其提供工作合同,时限最短为 6 年,而毕业后,研究机构还有义务再为其提供 6 年工作合同,对需要照顾孩子的科学家,每个孩子的照顾期限为 2 年,在缓解了经济和家庭压力后,青年科学家们得以专注于研究。[1] 德国总理默克尔在 2007 年提

---

① 华璐、沈慈晨:《德国制造:一个国家品牌如何跑赢时间》,重庆出版社 2015 年版,第 94 页。

出设立《科学自由法》，根据此法，德国的公立科研机构可以更加灵活地使用科研资金，例如所有经费都可以跨年度使用或支付，同时取消所有人员编制的限制，为了让机构可以更好地参与经济活动，该法案简化了研究机构创办或入股企业的审批手续，缩短了限期审批的时限。

其次，企业是创新的主体。2012 年，企业在研发方面的总支出高达 538 亿欧元，占全国研发经费的 2/3，其中研发活动主要集中在汽车制造、电子工业和机械制造行业。2013 年年底，欧盟公布了各行业研发资金 50 强榜单，德国大众汽车以 95 亿欧元的研发投入居于榜首，以 10 亿欧元的优势远远领先于位列其后的韩国三星和美国微软。德国企业和政府连续不断的巨额投入，使得德国技术密集型产品在国际贸易市场上一直占有优势，包括机电、化学、光学产品和医疗设备等商品的国际贸易竞争力指数都在 0.2 以上，德国一直是这类产品的净出口国。

再次，德国的大学和科研机构除了重视基础研究，应用研究体系也具有鲜明的特色。德国从事基础研究的科研机构包括大学以及亥姆霍兹国家研究中心联合会、莱布尼兹科学联合会和马普学会等。德国基础研究的作用主要体现在，为应用研究提供坚实的理论基础，为制造业挖掘未来潜在应用领域，基础研究科研机构的研究结果还可为德国政府制定相关的产业政策提供理论依据。

德国的应用研究体系也是其制造业成功的关键，是联结科研与市场的纽带。弗劳恩霍夫协会是最著名、最成功的应用研究机构，其在旗下设有 67 家研究所，雇员人数多达 2.3 万人，在运行机制方面有两大特色：其一，每一个研究所都针对专门的工业与制造领域设立，有专门的研究专长，弗劳恩霍夫协会通过满足产业界和其他社会机构应用研究需求获得七成收入，德国联邦和州政府为它提供了剩余三成的资金支持。其二，弗劳恩霍夫协会与学界保持着紧密联系，其研究所都设立于各地大学附近,甚至和大学共用相同的研究人员,既便于科技人员直接参与大学的教学活动,培养后备力量,也便于充分利用大学的科研资源,降低项目成本。正是凭借搭建学界与企业的桥梁纽带作用,弗劳恩霍夫协会一直是德国共性技术研发的骨干力量,除了为企业提供市场化的服务,弗劳恩霍夫协会还利用其所属的研究所,促进生成地区性产业集群,其下属的各个研究所的研究专长高度对应所处地区的工业基础,这样容易形成地区性创新网络。此外,创新网络也同样支持跨区域远程合作,当地的研究所无法满足企业的个性化需求时,其他地区的研究所会提供相应的技术支持。

(四)全方位教育体系为制造业转型升级提供了人力资本支撑

重视教育和人力资本投资是"德国制造"获得世界声誉、产品质量优良的保证。

首先,德国具有完善的国民教育体系。早在 1717 年,德国就颁布了《义务教育规定》,明文规定"所有未成年人,不分男女和贵贱,都必须接受教育";1763 年,德国又颁布了世界上第一部《普通义务教育法》;到 19 世纪 60 年代,德国的适龄儿童入学率已经达到 97.5%,实现全民教育的普及。德国重视国民教育的传统一直延续至今,对提高劳动力的综合素质产生了积极效应。

其次,德国完备的高等教育体系对制造业转型升级有明显的支撑作用。德国高等教育体系由各层次的高校组成,包括专科学院、工业技术大学、应用科技大学以及研究性大学四个层次。专科学院培养实际应用方面的工程师,工业技术大学和应用科技大学培养具有一定理论知识的科学工程师,研究性大学主要从事基础性教育与科学研究,培育科研类人才,比如著名的柏林大学就属于此类。其中的工业技术大学和应用科技大学是德国教育的一大特色,它把大学教育和工程教育结合起来,促进课堂教学与企业实践的密切融合,为德国制造业的自主创新培养了大批实用型人才。

最后,德国形成了富有特色的"双元制"职业教育体系。"双元制"是指进入职业学校学习的学生同时也是企业的学徒,学徒在校学习和在企培训交替进行,并以企业培训为主。据统计,德国近70%的学生在毕业走向正式工作岗位前,都要到企业进行上岗所需的技术培训,诸如机械修理工、电工之类的技术工人,除了拥有学校的毕业证书之外,还必须拥有合格的职业培训资格证书,才能找到工作,如此完善的职业教育制度为"德国制造"培养出了庞大的技术工人队伍。

四、日本制造业转型升级的路径特征

(一)"赶超式"产业政策为日本制造业转型升级提纲契领

作为后发国家,日本通过大量学习欧美发达国家的先进技术和发展经验,成为第二次世界大战后第一个成功实现经济赶超的工业化国家。第二次世界大战后,日本政府大量地制定实施"赶超式"产业政策:在20世纪50年代,日本政府制定了"产业合理化政策",主要在钢铁、煤炭、电力、造船四大产业领域通过提高技术,以改造设备和降低成本,使劳动生产率在1951—1955年的四年间提高了76%;在20世纪60年代,日本政府确立了"贸易立国"的发展战略,通过在工业部门大力发展重化工业,促进了工业的重工业化和制造业结构高度化,国民生产总值超过了英、法等欧洲强国,成为仅次于美国的第二经济大国;20世纪80年代,日本政府开始大幅增加科技投资,建立政、产、学、研一体的科研体制,促进了知识密集型产业的发展,产业结构逐渐向知识密集型转变;21世纪以来,特别是2008年金融危机后,日本的国际贸易委员会与日本通产省分别于2009年和2010年发布了《日本制造业竞争战略》和《日本制造业》专题报告,全面推动以制造业为主的五个战略性产业的战略蓝图,注重基础研究,进一步发展高新技术产业,制造业结构进一步调整优化。上述产业政策支撑日本制造业结构调整的脉络反映出这样的事实:日本政府根据经济发展阶段的需要来确定各个时期的主导产业并加以扶持,正是这种强选择性质的产业政策促成日本制造业结构的不断合理化和高度化,并成功实现赶超。

(二)引进吸收再创新的技术发展模式是制造业转型升级的动力源

制造业是技术创新最活跃的领域,其转型升级需要技术创新的支撑。日本始终把制造业作为经济发展的根基,曾专门制定《机械工业振兴法》和《振兴制造业基础技术基本法》等法案来确定制造业的重要地位,并力争以引进欧美先进技术为基础,再进行吸收改造二次创新,以此确立本国的自主创新体系,这样的战略既可克服日本资源匮乏不能发展资源密集型产业的劣势,也可以较快的速度与较低的成本缩短与发达国家的技术差距。据统计,从 1950 年到 1975 年,日本共引进了26000 项先进技术,为此支付的外汇总额为 60 亿美元,而国外研发这些技术的费用却是日本引进这些技术成本的 30 倍,达到 1800 亿美元。据测算,直接引进国外的新技术,使日本节约了 2/3 的时间和 9/10 的研发费用,对日本的制造业转型升级起到了极大的促进作用,从而高效地赶超欧美发达国家。[1] 在引进吸收先进技术的同时,日本企业改造生产方式,开创了精益生产模式,在制造过程中注重精益求精,创立了柔性制造模式,大大提高了生产效率。

(三)出口导向战略是日本制造业结构升级的助推器

作为后发工业化国家,日本国内市场需求能力不足以支撑迅速扩

---

[1]　国务院发展研究中心:《我国产业结构升级面临的风险和对策》,《经济研究参考》2010 年第 13 期,第 2—14 页。

大的制造业规模。第二次世界大战后,日本小汽车、电视机、照相机、纺织机械等制造行业迅速发展,开辟国外市场成为必选项,在"贸易立国"发展战略的引导下,日本政府先后成立了"出口会议""日本贸易振兴会"等一系列促进出口的机构,并实施"出口表彰制度"、出口保险制度等对出口企业直接补贴的制度,这些政策与机构直接促进了日本出口的增长。20 世纪 50 年代前期,日本进出口占国民生产总值的比重分别为 4.1%、5.8%,到 20 世纪 60 年代末,这一比重已经分别上升到 10.6%、10.3%。在贸易规模持续扩大的同时,出口的商品结构也从劳动密集型向技术密集型转变,据统计,从 1955 年到 1975 年,日本轻工业品的出口比重由 53.5% 下降到 12.1%,纺织品的出口比重由 37.2% 下降到 6.7%,而重化工业品的出口比重则从 38% 上升到 83.3%,尤其是机械制造产品,其出口比重更是由 13.9% 上升到 53.8%,提高了近三倍。日本的出口导向战略解决了大规模生产与国内市场狭小的矛盾,成为日本制造业结构升级的助推器。

(四)"雁阵模式"是日本制造业转型升级的重要手段

日本经济学家赤松要于 1932 年首次提出"雁阵模式"理论,"雁阵模式"可以很好地解释 20 世纪 70 年代和 80 年代以来东南亚各国间的区域分工和贸易模式:日本依次把失去比较优势的产业转移到亚洲"四小龙"和中国东南沿海地区,在这样的产业转移模式中,日本相当于"头雁",而承接产业转移的"四小龙"则是"雁翼",它们通过积极承接日本转移过来的资金、技术来发展资金与技术密集型产业,又依次将失去竞争优势的劳动密集型产业转移到位于"雁尾"的东南亚国家以及中国沿海地区。"雁阵模式"为日本赶超式的产业政策提供了充足的实现空间,在本国市场规模不够大的情况下,产业转移的梯度可以拓展到相邻区域与国家,并以此推动本国制造业依次实现从劳动密集型到技术密集型的转型升级。

　　随着日本产业结构由轻工业主导转向重化工业主导,纺织业等轻工业开始向国外转移,日本逐步确立了以钢铁、化工、汽车、机械为主的资本密集型的制造业的主导地位。20 世纪 70 年代中期的两次石油危机,使日本高能耗、高物耗的钢铁、造船和石化等产业也慢慢失去比较优势,随之被转移出去,使技术密集型的电动机械、汽车、半导体等产业成为日本的主导产业。

第三章　新工业革命与典型制造强国的制造业转型升级战略

近年来,以美国、德国、日本为代表的发达国家推出的基于本国制造业发展现况的制造业转型升级战略,主要基于两大需要:一是国内"再工业战略"以及产业转型的需要,2008 年的全球金融危机爆发后,欧美发达经济体重新认识到实体经济尤其是制造业的重要性,纷纷推出"再工业化"战略,以最大限度降低金融危机的影响;二是新工业革命发展需要,以信息网络技术与制造业深度融合为主要特征的新一轮工业革命,使发达国家纷纷进行前瞻性布局,以抢占新工业革命的制高点。可以认为,近年来美国、德国、日本等发达经济体的制造业转型升级都是新工业革命背景下本国"再工业化"战略的核心内容。

第一节　美国、德国、日本与中国制造业转型升级战略规划比较

一、制造业转型升级战略比较分析

制造业转型升级是一项系统工程,需要顶层设计和规划,进入 21

世纪,除了德国一直保持制造业的国际领先地位外,美国和日本都经历了"去工业化"过程。国际金融危机爆发后,以美、德、日为代表的制造强国纷纷出台制造业发展相关战略规划,以期通过制造业转型升级来抢占新工业革命的制高点,顺利推进"再工业化"进程。中国为顺利实现制造业转型升级以应对潜在的"制造业外流"和产业"逆转移"问题,并抓住新工业革命的窗口机遇期实现弯道超车,也出台了以《中国制造 2025》为代表的制造业发展战略规划(见表 3-1)。

表 3-1　制造强国与中国制造业转型升级战略规划比较

美　国	德　国	日　本	中　国
《重振美国制造业框架》(2009)	《国家高技术战略》(2006)	《日本制造业竞争策略》(2009)	《装备制造业调整和振兴规划》(2009)
《2010 制造业促进法案》(2010)	《科学自由法》(2007)	《日本制造》专题报告(2010)	《"十二五"工业转型升级规划》(2012)
《高端制造合作伙伴计划(AMP)》(2011)	《中小企业创新核心计划》(2008)	《3D 打印制造革命计划》(2014)	《智能制造装备产业"十二五"发展规划》(2012)
《先进制造业国家战略计划》(2012) 《国家制造创新网络计划》(2012)	《国家高技术战略 2020》(2010) 《高科技战略行动计划》(2012)	《新策略性工业基础技术升级支援计划》(2014—2019)(2014)	《中国制造 2025》(2015 年) 《智能制造发展规划(2016—2020 年)》(2016)
《美国创新战略》(2015)	《保障德国制造业的未来:关于实施工业"工业 4.0"战略的建议》(2013)	《机器人开发五年计划(2015—2019)》(2014) 《2015 年版制造业白皮书》(2015)	《关于深化制造业与互联网融合发展的指导意见》 《"十三五"国家战略性新兴产业发展规划》 《制造业人才发展规划指南》(2017)

资料来源:笔者根据相关资料整理。

　　21 世纪以来,美、德、日三国都依据本国国情发布了制造业复兴或升级的战略规划。其中影响力最大的当属美国的 2012 年的《先进制造业国家战略计划》、2015 年的《美国创新战略》和 2013 年的德国"工业 4.0"。

　　金融危机使美国意识到依托金融创新和信贷消费的泡沫增长模式无法持续,"去工业化"使美国制造业的传统优势不断丧失,这一趋势已从低端制造领域逐步向电脑、显示器等高技术产品制造领域延伸,极大地损害了美国本土的创新能力。为重振实体经济,吸引高端制造业回流本国,美国相继出台了一系列战略规划:2009年4月,美国总统奥巴马在乔治敦大学演讲时首次提出"再工业化"的战略;2009年9月,美国政府出台了《美国创新战略:促进可持续增长和提供优良工作机会》,提出了美国发展创新型经济的完整框架;2009年12月发布《重振美国制造业框架》,详细分析了重振制造业的理论基础、优势和挑战,并提出七方面的政策措施;2010年8月出台《2010制造业促进法案》,该法案与2010年7月美国众议院通过的一系列法案共同构成了重振美国制造业的法律框架;2011年6月美国政府推出《高端制造合作伙伴计划(AMP)》,重点关注关键制造产业、新一代机器人、创新型的节能制造工艺和先进材料等领域发展,是美国"政产学研"协同振兴制造业的一项重大战略规划。

2012年2月,总统执行办公室和国家科技委员会向国会提交了《先进制造业国家战略计划》,该计划从投资、劳动力、创新等方面提出了促进美国先进制造业发展的五大目标及相应的对策措施。2015年10月,美国科技政策办公室发布了《美国创新战略》,该战略确定基础研究、一流的21世纪基础设施、下一代数字基础设施是美国创新的基础要素,提出要建设美国创新生态系统,实行高质量的科学、技术、工程、数学教育;将通过移民途径,使世界一流的科技人才受雇于美国,将通过制作、众包和公民科学教育的形式,挖掘创新人才,帮助更多的美国人成为创新者,激发和利用美国人民的创造力,将美国建设成创新者的国度。①

----

① 李金华:《世界制造强国行动框架对中国的借鉴启示》,《人文杂志》2016年第5期,第35—43页。

德国虽然依托其强大的实体经济得以在金融危机后逆势复苏,在发达经济体中保持了"一枝独秀"的发展态势,但由于出口市场相对萎缩,经济发展也出现疲态。德国的一些专家甚至认为,德国在制造业领域也同样面临"双重挤压"的挑战:一重挤压来自美国的"再工业化",美国凭借信息通信技术优势着力弥补传统制造业"空心化"带来的不利影响,推出了工业互联网,计划用软件方面的超前发展引领硬件领域的革命;另一重挤压来自中国等新兴经济体的制造业升级战略,新兴经济体已经在中低端甚至部分高端领域蚕食德国的市场份额。德国联邦工业协会主席乌尔里希·格里洛曾指出,"欧洲企业占全球通信和信息技术市场份额不到10%,德国错失了成为该领域世界'领头羊'的机会"。① 德国联邦教研部与联邦经济技术部在2013年发布报告认为,德国实施的"工业4.0"战略有两大功效:一是利用信息物理系统对整个制造系统进行数字化、网络化、智能化改造,以提高生产效率;二是通过占据基于信息物理系统的工业软件领域的全球市场,确保德国装备制造业在全球范围内的竞争优势。

虽然新工业革命的提法是2012年之后出现的,但德国早在2006年就发布了首个国家层面的中长期创新战略《国家高技术战略》,以前瞻性的思维提前培育面向未来的重点技术领域。《国家高技术战略》的核心内容是实施创新驱动发展战略,确定若干重点发展高技术领域,对"工业4.0"等后续产业政策具有重要的指导意义。2010年,德国政府进一步整合研究创新资源,在《国家高技术战略》的基础上推出《国家高技术战略2020》,鼓励在气候能源、健康营养、汽车、安全和通信五大领域开展超前研究,明确这五大领域以及交叉领域的

---

① ［德］罗兰·贝格、王一鸣、郑新立、李稻葵等:《弯道超车:从德国工业4.0到中国制造2025》,上海人民出版社2015年版,第13页。

关键技术,包括生物、纳米、微电子、纳米电子、光学、航天、信息和通信等方面,对五大领域的相关科研项目有更细致的规划部署。德国"工业 4.0"计划从渊源上看属于《国家高技术战略 2020》五大领域中的安全及信息通信(ICT)领域的重点项目,德国的"工业 4.0"是基于嵌入式系统技术和信息物理系统而产生的技术革命,是将物联网和服务联网应用到制造业生产全过程,通过把企业的研发设计、产品订购、生产计划、生产制造、物流配送等流程全部纳入同一个数据平台,实现设备之间、供需之间,以及流程之间的信息实时交互,从根本上改善原有生产制造方式,推动柔性制造和个性化定制生产方式的实现。

日本赶超式产业政策是其在第二次世界大战后迅速崛起的关键力量,《产业合理化》政策以及贸易立国战略对经济腾飞促进作用很大。近年来,日本为提升制造业的竞争力,应对美国的"再工业化"和德国的"工业 4.0"战略,也出台了一系列有助于制造业转型升级的战略规划。比如,2009 年,日本国际贸易委员会发布了《日本制造业竞争策略》;2010 年,日本通产省发布了《日本制造业》专题报告,提出拓展新兴市场,拓展日本制造业的新领地,巩固日本制造业的基础地位;2014 年出台了《3D 打印制造革命计划》《新策略性工业基础技术升级支援计划》《机器人开发五年计划(2015—2019)》;2015 年制定并发布了《2015 年版制造业白皮书》,将重点发展制造业的尖端领域,如加快机器人、下一代清洁能源汽车、再生医疗以及 3D 打印等行业的发展,白皮书还指出,为保障日本制造业的转型升级和进一步发展高附加值的高端技术产业,必须加强专业科学技术人才的培养,发展高等职业教育,确保培养制造业升级所需的高素质专业技术人才。

二、中国出台《中国制造 2025》战略

德国"工业 4.0"与《美国创新战略》发布后,中国也出台了《中国制造 2025》以对美、德、日等制造强国制造业转型升级战略予以呼应。为落实实施《中国制造 2025》,国务院成立了国家制造强国建设领导小组和战略咨询委员会,推出了《〈中国制造 2025〉重点领域技术路线图》(2015 年版)。此外,为推动落实《中国制造 2025》,中国相关政府部门还相继发布了 11 个配套文件,分别是五大工程实施指南:国家制造业创新中心建设、工业强基、智能制造、绿色制造、高端装备创新工程实施指南;两个专项行动指南:发展服务型制造、装备制造业质量品专项行动指南;四个发展规划指南:新材料、信息产业、医药工业和制造业人才发展规划指南。《中国制造 2025》反映了中国制造业向智能化转型升级的大趋势,预计到 2020 年,基本实现"工业 2.0"到"工业 3.0"的升级,并以此为基础走向"工业 4.0"。

以《中国制造 2025》为代表的制造业转型升级战略规划不同于美、德、日等制造强国的战略规划,因为中国制造业所处的阶段和基本国情有别于制造强国,中国目前仍处于工业化从中后期向后期过渡的阶段。同时,中国制造业的发展具有多层次性,中国东部沿海的一些省份的制造业发展总体达到了 2.5 的水平,甚至有的先进省份的发展水平接近 3.0 的水平,但为数众多的中西部地区还未达到"工业 2.0"的水平。此外,相较于发达国家,中国劳动力的绝对数量依然很大,有数据显示,目前中国制造业劳动人口数量为 7000 万,而美国和日本则分别有 1000 万和 700 万制造业劳动人口,这意味着劳动密集型产业在中国仍有成长空间,中国提出的两化深度融合以及制造业向数字化、网络化、智能化方向升级,仍需要考虑庞大的劳动人口的就业问题。中国制造业的发展战略规

划在于制造业结构的改变、生产效率和生产技术水平的提高,更为具体、实际。而制造强国的战略规划则在于引领制造业发展方向,着眼"新""尖"进行制造方式的革命,赢得未来制造业国际竞争,确保制造业的领先地位。

第二节　美国、德国制造业创新驱动战略对中国制造业创新的启示

中国制造业"大而不强"的根源在于创新能力不强,《中国制造2025》提出"坚持把创新摆在制造业发展全局的核心位置"。综观各国制造业发展战略规划,创新驱动战略均处于核心位置,尤以美国、德国的制造业发展战略规划最为典型。近年来,美、德两国的制造业相关政策可以认为是一系列创新政策的集合,美国的制造业创新网络计划和德国的"工业4.0"计划是制造业创新驱动战略的典型代表,对两者提出的背景及各自特点进行深入分析,并以此为基础对两者进行对比,对我国制造业转型升级的创新驱动战略有很大的借鉴意义。

一、美国制造业创新网络计划的创新路径

2012年,美国总统科技顾问委员会(PCAST)报告指出,尽管美国在基础科学研究和发明方面优势显著,但是在整个创新周期中,基于早期科学发现的研究成果在商业和经济上的回报实现过程漫长,特别是在制造业规模化和商业化的阶段。该报告同时强调,美国私营部门特别是中小型制造企业,在将具有市场前景的早期研究成果转变为高性价比、高性能的国内制造产品方面,遇到了技术和资金的限制。基于此,2012年,时任美国总统奥巴马直接领导国防部、能源部、商务部、美

国国家科学基金会、美国国家航空航天局,共同推出国家制造业创新网络(NNMI),总投资达 15 亿美元,预计 5 年内成立 15 家制造业创新研究中心,专注于联邦机构核心任务的重要技术主题。

(一)美国制造业创新网络计划的实施动因

从 20 世纪 90 年代初起,信息技术突飞猛进,美国率先进入知识经济或新经济时代,知识要素取代物质要素成为美国经济增长的主要驱动力量。在全球价值链分工中,美国跨国企业逐渐将生产制造环节外包给海外低成本国家,而本土只保留研发、营销与品牌管理环节,制造环节的外流使美国制造业就业岗位不断减少,制造业产值在 GDP 中所占比重也日渐缩小。此外,过度外包也造成美国制造业生产基础被严重侵蚀,"产业空心化"日益严重,货物贸易逆差居高不下。据统计,2000 年,美国货物贸易逆差达到 3000 多亿美元,2006 年又升至 7500 多亿美元,2012 年仍接近 6000 亿美元。连美的传统强项高科技产品也难逃逆差的命运,这严重侵蚀了美国本土制造业的竞争力和未来先进制造业的发展潜力。

1. 制造环节缺失削弱了美国的传统创新优势

美国总统科技顾问委员会在 2011 年的一份报告中指出,美国正失去制造业的领先优势,失去优势的领域已经由低端制造业逐渐向电脑等高技术产品制造业延伸,这使美国本土的创新能力遭到极大破环。有数据显示,自 2001 年开始,美国高新技术制造业产品由盈余转为赤字,2003 年的高新技术产品的贸易赤字为 170 亿美元,到 2010 年增至 810 亿美元,高科技产品的出口额从 2000 年至 2010 年增长了 20%,但其进口额却提高了 60%。[①] 这是因为产业链和创新链不能截然分开,

---

① [加]瓦科拉夫·斯米尔:《国家繁荣为什么离不开制造业》,李凤海、刘寅龙译,机械工业出版社 2015 年版,第 148 页。

而是一体的,制造环节的过度外包不但使产业链外移,创新链也极有可能随之迁移。随着生产制造外包越来越普遍,跨国公司也可能失去对全球供应链的控制力,研发设计也追随制造环节转移到国外。比如,美国公司将半导体和平板电脑生产制造基地建在中国、韩国等国,这些国家很快成为全球最大的半导体和电脑显示器生产基地,产业的关联效应使得这些国家也为相关制造技术创新提供了可能,如太阳能电池板的创新就因此取得了突破。与之相对的是,美国公司不仅失去了外包环节的市场份额与就业岗位,也丧失了新一代太阳能电池板的研发和生产上的技术主导权。制造能力的缺失往往导致产业创新出现断层,创新成为无源之水,在制造业很多领域,一些新产品发明于美国,但制造环节的缺失使得这些成果在短期内难以产业化,以致最终失去竞争力。例如,正是由于电子制造产品过多外包至亚洲,掌握关键工艺技术的企业和关键零部件配套企业也随之迁移,"产业公地"的衰落导致太阳能电池制造业在美国的发展成为空中楼阁。①

2. 过度外包延长了产品从研发设计到商业化生产的周期

美国以跨国公司为代表的企业通过垂直非一体化和外包,优化了对全球要素的配置能力,降低了生产的总成本,但跨国远距离管理与控制的成本也随之增加,供应商之间协调以及企业内部协调与管理难度也在增大,无形中延长了产品从研发设计到商业化生产的周期,不利于新产品的开发与大规模推广。比如,美国的波音公司将其大部分生产组装环节转移到全球数十个国家,波音787客机的飞行测试甚至因此延误了两年时间,一定程度上影响了波音的国际竞争力,虽然说现在的波音公司依然实力强大,但它的王者地位已让位于空客,2003—2012

---

① [美]加里·皮萨诺、威利·史:《制造繁荣:美国为什么需要制造业复兴》,机械工业信息研究院战略与规划研究所译,机械工业出版社2014年版,第20—23页。

年,波音签署的订单数量已低于空中客车。

3. 技术、产品生命周期缩短要求改变研发、生产相分离的模式

美国"再工业化"不是简单地促使传统制造业回归,而是促进与本国高科技优势和资源要素禀赋一致的先进制造业的发展,与先进制造相关的工业机器人、增材制造、新能源、新材料、新工艺、物联网等新技术得到极大重视,但诸如航空航天、新材料、生物医药等先进制造技术的复杂性、多样性、不确定性等特点,决定了研发设计与生产制造之间需要紧密联系。制造与研发处于同一区位成为最佳选择,对于先进制造领域的新产品开发而言,研发与生产的区域协同效应可以使高技术企业从中获益。原因在于,随着科技发展日新月异,技术创新周期大大缩短,新产品开发速度加快,产品技术复杂度日益增加,先进生产工艺与技术手段的广泛应用客观上增加了知识技能型劳动力和瞬息万变的市场信息的需求,这就要求跨国公司生产商尽量靠近本国市场消费者,以提高市场响应能力,便于产品及时根据市场反馈需求进行改进与创新,因此,技术产品生命周期缩短加剧了全球市场竞争,要求美国改变过度外包导致的研发、生产区位分离模式。

4. 先进制造的知识密集特征要求生产制造与研发处于同一区位

对于技术成熟的标准化产品而言,生产环节技术含量低,垂直非一体化有助于企业降低成本,但由于先进制造的知识密集度高,处于微笑曲线两端的研发设计、品牌渠道、售后物流与底端的生产制造过程越来越密不可分,新技术发明和新产品开发越来越需要生产工艺相关的知识与经验。另外,产品研发与生产销售也需要快速响应消费需求的变化,这意味着先进制造活动不仅要与知识密集的研发设计部门密切配合,还要最大限度地靠近消费市场。在许多高新技术制造业中,制造部门已不是简单加工组装产品的工厂,而是发展成为高度复杂技术创新

中心,知识密集特征明显,这是因为在研发的初始阶段,所需要的知识大多具有缄默性特征,缄默知识的传播需要人与人面对面互动交流,信息技术的大发展虽使远距离传输可编码知识的成本大降,但缄默知识传输成本却因地理距离增加而增加。此时,对于研发部门而言,制造业部门已经成为不可或缺的互补资产,无论从靠近研发区位还是从靠近消费市场角度,美国制造业环节回归都成了必然选择。

5.制造业的服务化趋势要求生产制造与各种服务体系保持紧密互动

现代科学技术的系统性、复杂性与多样化发展趋势也使生产制造与服务业尤其是与生产服务业之间的边界越来越模糊,制造业服务化趋势越来越明显,客观上要求高技术产品制造商与金融、通信、医疗等高端服务体系融合发展,而此类高端生产服务业的发展也依赖制造业部门提供的高技术产品,拥有核心制造业技术的跨国公司通过把产业链延伸到服务业,以为客户提供更加方便、快捷、可靠的服务方式及时反馈市场需求信息,并及时改进产品性能与服务来获取生产制造部门和服务部门之间协同效应,2007年,美国有58%的制造业已经实现完全服务化。早在20世纪90年代,IBM就扩大了软件服务业,到2012年,其总收入中有41%来自服务业。制造业服务化促使制造企业不但要靠近研发中心,还要靠近产品市场,使研发设计与市场销售等经营活动紧紧围绕生产能力展开。

(二)美国制造业创新网络(NNMI)的基本模式

全球先进制造业创新加速的趋势以及传统制造业创新式微要求美国必须填补创新体系的空白,特别是研发活动与技术创新与本地转化之间的鸿沟,进而打通基础研究和产业化之间的链条,而国家制造业创新网络恰恰可以起到这样填补空白的作用。

1. 美国制造业创新网络(NNMI)的组织结构

美国制造业创新网络由一个跨部门的管理机构——美国先进制造国家项目办公室(AMNPO)总体负责,参与者包括商务部及其直属的美国国家标准与技术研究院(NIST)、国防部(DOD)、教育部(ED)、能源部(DOE)、美国国家航空航天局(NASA)、美国国家科学基金会(NSF)等多家联邦机构(见图3-1)。美国先进制造国家项目办公室具体执行美国制造业创新网络计划内的各项事务,前期的工作主要有征询公众意见、举办区域研讨会、与合作方代表和专家组共同审核制造业创新中心(IMIs)的申请等,随着制造业创新中心的启动,美国先进制造国家项目办公室还将负责监督制造业创新中心的管理和运行情况,提出建议并处理具体的相关事务。美国制造业创新网络将组建一个由制造业创新中心代表组成的网络领导委员会(NLC),监督 IMIs 的运营,统一制造技术的标准,并积极寻找 IMIs 间合作的机会。

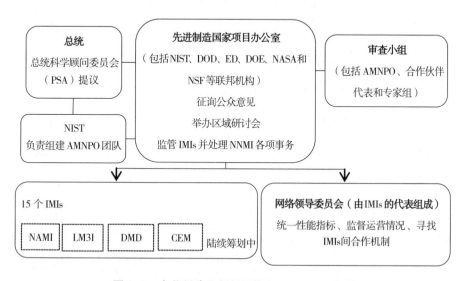

图3-1　全美制造业创新网络(NNMI)组织架构

资料来源:笔者绘制。

制造创新中心是美国制造业创新网络计划的核心(见图 3-2),于 2012 年 3 月正式启动,美国政府计划总计拨款 10 亿美元,在 5 年内组建 15 个、10 年内组建 45 个制造业创新中心,美国制造业的创新网络由这 45 个节点构成一个覆盖全国的大网,这一创新网络将是美国抢占制造业发展制高点,确保全球创新中心地位的抓手。

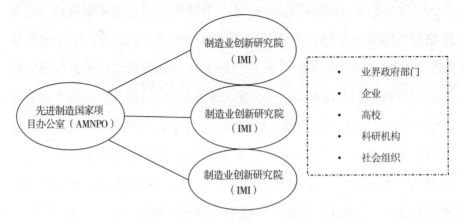

图 3-2　制造业创新中心组织结构

资料来源:李廉水等:《中国制造业发展研究报告 2015》,北京大学出版社 2016 年版,第 419 页。

2. 美国制造业创新中心的运行模式

组织结构:美国制造业创新中心由跨部门的管理机构——美国先进制造国家项目办公室总体负责,由美国国家标准与技术研究所(NIST)的先进制造项目办公室协调管理。每个制造业创新中心都必须按照严格的程序建立:美国国防部(DOD)和能源部(DOE)发布招标程序,每个制造业创新中心参与竞标,跨部门技术专家负责审查并公布中标团队。每个创新中心都采取董事会形式,实行政、产、学、研联合治理。

经费来源:每个制造业创新中心在成立之初 5—7 年内,原则上获得 0.7 亿美元到 1.2 亿美元的联邦政府资助,研究机构、制造企业则按 1∶1 比例的配套资助,每个创新中心初期总资本为 1.4 亿美元到 2.4

亿美元。中心成立的第4年以后联邦政府取消启动资金投入,增加竞争项目资助,并在中心成立第5年以后取消设备投入,以基础资助和竞争项目的方式资助,5—7年后,联邦政府将取消资助,创新中心可通过会员费、收费服务、合同研究和产品试制等多种方式实现自负盈亏。

项目运营:以公开招标模式进行项目遴选,对项目的评分标准更加关注关键共性技术开发、应用及示范,是否提升美国制造业竞争力以及中小型制造业企业能否受益也是其主要标准,项目评审组将根据问题阐述、研究方法、创新性、项目管理、团队资质、成本费用等方面对申报书量化评分。

3.美国制造业创新中心的创新路径(见图3-3)

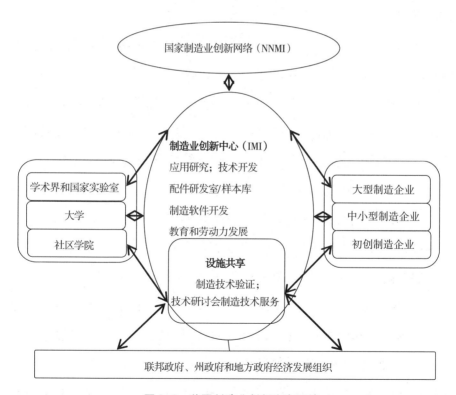

图3-3 美国制造业创新生态系统

资料来源:国务院发展研究中心企业研究所:《美国制造业创新中心的运作模式与启示》,《中国经济时报》2017年4月17日、2017年4月19日。

（1）多元主体打造创新生态系统。创新中心采用层级会员制度，吸纳政府、企业与行业协会、高校与国家重点实验室以及一些非营利组织等为会员，打造特定先进制造技术领域的"政产学研"多方参与的创新生态系统，使得创新项目的选择以及技术路线的制定贴近企业的需求。

创新生态系统实质是多方共赢的创新共同体，创新中心通过整合创新资源，以向会员企业定制项目以及在会员中公开招标的方式，推动会员间紧密合作，共享创新资源和信息，达成利益共识，最终打通从基础研究到共性技术研发再到新技术商品化完整的技术创新链，最终提高科研成果的转化率。

（2）多方参与技术转化全过程。创新中心组织协调从起点技术甄别到终点技术转化的全过程，这一过程中各会员多方参与、共享合作：创新中心通过"政产学研"多方参与的研讨会，甄别出为产业界所需要的先进制造技术和工艺，并制订研发计划；创新中心就遴选的先进制造技术发起项目动议，向各个合作会员公开征集研发方案；创新中心通过向会员招标选出最优方案并提供相应的资助；创新中心会组织协调更多会员进入协同创新阶段，高校和科研院所提供智力支持，国家实验室提供材料和实验设施支持，大企业提供资金和产品试验场地支持，中小企业创新商业模式，提供先进制造技术的规模化应用支持。

（3）多途径促进技术转化和应用。美国制造业创新中心多措并举推动技术转化和应用：首先，发挥中小企业创新主体作用。在竞争性市场中，中小企业往往具有敏锐的商业嗅觉，且开发先进制造技术往往没有成熟的技术路线可以遵循，失败的风险极高，大量的中小企业尤其是掌握前沿技术的中小企业参与到创新中心中来，每个中小企业可根据自身行业所关注的领域提出有针对性的商业化需求，可以增加技术转化成功的概率。因此，每个创新中心都要求有一定比例的中小企业参与，例如美国制造 150 个会员中就有 30% 以上的中小企业，它们都具有较高的参与度和话语权。其次，着力强化薄弱环节。创新中心不但要弥补先进技术商业化之前的薄弱环节，还要积极参与到商业化之后的薄弱环节，帮助企业快速从试验性应用阶段过渡到规模化生产阶段。最后，在中心内部构建多种共享机制。诸如共享各种技术基础设施、技能培训信息以及制造技术实践信息，通过共享合作，各会员企业共同分担成本、共享收益，以提高前沿的、跨领域的技术转化效率。

（4）推动新技术规模化应用。首先，创新中心充分发挥与企业、国内外技术标准制定者以及相关政府部门的合作优势，主导或参与制定各类新技术标准，同时积极推广新技术标准，为制造企业提供各种诸如技术参考数据、科学和工程数据库、技术应用相关设施等方面的软硬件设施与服务，以使新技术应用迅速规模化。其次，创新中心还积极引导教育系统对接产业系统的人才需求，以保证提供新技术转化应用所需的人才。创新中心根据遴选的新技术，把未来所需的技能人才信息反馈给教育系统，并联合中心内部各类学界会员，通过设计培训课程和技能认证体系等方式，帮助各类学校完善教学大纲，会员企业还可以为会员学校学生提供实习和实践机会，为新技术的规模化应用提供人才保障。

（三）美国制造业创新中心对我国制造业创新中心建设的启示

目前我国正在推进落实《中国制造 2025》，而"围绕重点行业转型升级和先进制造领域，建设一批国家制造业创新中心"，是其中的一项重大工程。《制造业创新中心建设工程实施指南》明确指出，制造业创新中心是"由企业、科研院所、高校等各类创新主体自愿组合、自主结合，以企业为主体，以独立法人形式建立的新型创新载体"。目的是"完成技术开发到转移扩散和首次商业化应用的创新链条各环节的活动,打造跨界协同的创新生态系统"。建设制造业创新中心旨在解决我国长期存在的创新链条不顺、科研成果转化率低下以及创新效率不高等问题。美国制造业创新中心聚焦特定先进制造技术领域,整合各主体创新资源、公私合作商业化运营的运作模式,多元主体共同参与的创新生态系统,多种途径多方合作的技术转化举措,着力打通从基础研究到应用研究,再到产业化、规模化生产的技术创新链,一些经验做法值得中国借鉴。

1. 制造业创新中心应依托某一区域、瞄准某一特定技术领域构建创新生态系统

(1)依托某一区域创新资源。设立制造业创新中心的地点要仔细论证,充分考虑当地产业、科技、人才等方面的资源以及上下游创新链的配套情况,以便于促进先进技术成果的产业化,比如美国未来轻量制造创新中心设在底特律,与该地区是美国以前的"汽车城"密切相关。

(2)瞄准某一特定技术领域。为发挥创新资源的整合效率,创新中心应瞄准某一特定技术领域,该技术领域要符合国家制造业发展的长远需求,市场潜力巨大,能够切实提升制造业竞争力;此外,创新中心的牵头机构应是该领域内具有相当影响力的带头人,长期从事该领域的技术研发,在行业内具有较大影响力与权威性,有较好的产学研合作基础,有充分整合、利用本领域内的各种创新资源的能力。例如,美国国家国防制造与加工中心是美国制造的牵头机构,它拥有雄厚的技术基础与广泛的合作伙伴,在行业内具备较大的影响力。

(3)构建一个创新生态系统。要着力打造一个"政产学研"协同合作的创新生态系统,通过多层次会员制等方式把本行业领域内的各类企业、高校、科研院所、社区学院、非营利组织以及产业协会或联盟吸收为会员,并就新技术甄别、转化与应用,加强学术研讨、共享关键共性技

术信息与基础设施,共同进行项目申报与合作,切实发挥创新生态系统的协同创新的孵化器功能。比如,美国制造就根据捐助的资金或实物把会员分为白金级、黄金级和白银级等层次,层次不同权力不同,美国制造的会员数由初期的 80 多家增至 2015 年的近 150 家,其中小型企业有 50 家。

2. 制造业创新中心应按照"政府领投、专业运营、市场买单"的原则运营

中国打造制造业创新中心的建设可借鉴美国的做法,按照"政府领投、专业运营、市场买单"的商业原则。政府领投是指创新中心设立和组建时,政府发挥引导作用,给予一定的资助,美国的做法是先期政府投入 50%左右,政府依靠部分投入吸引其他研究机构与企业参与投资,经过 5—7 年,创新中心能够实现自负盈亏后,政府将不再额外投入。专业运营、市场买单是指在具体运作过程中,政府不应"包办",融资方式、治理模式及项目运营方面,要充分发挥中心本身的主导作用,以市场需求为根本出发点,采取商业化、市场化的运作模式,通过合同科研、专利转让等方式盈利:如会员可优先提出制造技术研发定制化需求,创新中心再根据需求确定研发技术与项目,从创新的起点开始就由市场意愿为研发买单。

3. 制造业创新中心应强化先进技术商业化前的研发和商业化后的推广环节

制造业创新中心的实质是"各类创新主体的协同创新共同体",是以研发成果商业化为核心的类营利性组织,中心内部各创新主体通过开放的平台,进行合作开放式研发,实现科研资源、研发成果以及商业利益共享。对于先进制造技术商业化前的研发环节,通过会员的定制化需求,创新中心首先对本领域内的先进技术进行甄别,然后确定转化

路线图,形成不同的研发项目,再以招标等形式向企业、高校和科研机构构成的科研团队发布,给予中标团队相应的资助,并推进协同研发过程的顺利实现,最终将先进制造技术转化为市场需求的产品。但把技术成果转化为商品仅是第一步,最终还要把先进技术向市场推广,实现大规模应用和生产制造能力,这就需要创新中心强化商业化后的推广环节,制定先进制造技术应用制的各种标准,推动其更快普及推广,还要促进教育部门依据先进制造技术的标准调整教育体系,为新技术的大规模推广应用培养多层次的合格人才。

4. 制造业创新中心应该充分发挥行业内中小企业的创新作用

美国制造业创新中心特别强调扶植中小企业,这是因为中小企业往往对技术变革更为敏感,因而容易成为创新的重要源泉,在技术密集型制造业部门,中小企业凭借高效的供应链,成为提高美国高端制造业竞争力的重要力量。然而,美国中小企业的研发投入比大型企业要少得多,因此,美国制造业创新中心制定了多项策略,鼓励中小企业参与成为会员,例如,向中小企业的合作伙伴和中介进行宣传,提供技术咨询和量身定做的个性化服务,为中小企业提供共享设施和技术设备,方便企业产品的设计和测试;为中小企业新入会员提供津贴;提供知识产权分级授权等。而在中国制造业创新中心的组建过程中,许多大型央企充分发挥了"集中力量办大事"的优势,在政府的引导下,在重大装备制造、重大生产工艺上更容易获得突破性进展,但中小型民营制造企业却在这方面不占优势,因此中国制造业创新中心在建设过程中,应充分考虑中小企业的作用,比如出台优惠政策吸引中小企业加入创新中心,加强对中小企业的宣传培训,以促进中小企业对相关先进技术政策的了解等。

二、德国"工业 4.0"计划的创新路径

德国"工业 4.0"概念的出现并非偶然,它脱胎于《国家高技术战略 2020》,2011 年 4 月在德国的汉诺威工业博览会上被首次提出;2013 年 4 月德国"工业 4.0"工作组发布报告《保障德国制造业的未来:关于实施"工业 4.0"战略的建议》,标志着"工业 4.0"正式成型;2013 年 12 月德国电气电子和信息技术协会发布了"工业 4.0"标准化路线图,"工业 4.0"正式上升为德国的国家战略。"工业 4.0"计划是在德国判断新一轮工业革命的未来趋势和考量本国的国民素质、产业特征、制度结构的基础上制定的制造业发展战略规划,集中体现了德国创新驱动制造业转型升级的路径选择,"工业 4.0"发布后,很快成为引领新工业革命未来方向的典型模式之一,成为发达国家和各发展中国家制造业升级效仿的样本。

无论是德国的"工业 4.0"计划还是美国的制造业创新网络计划,都是两国根据本国制造业发展面临的实际问题应对新工业革命的战略部署。虽然都强调前沿技术的创新,但两者有一定区别:美国的制造业创新网络计划和先进制造业伙伴计划旨在通过优化制造业投资环境,引导社会资源进入先进制造领域,建立先进制造业创新生态系统,政策重点是利用基础研究和大量中小高新技术企业的创新优势,率先突破和使用先进制造技术与制造工艺;而德国由于实体经济一直比较强大,即使产业结构走向"第三产业化",也是与制造业紧密相连的第三产业,而非如美国一样走向金融、房地产等虚拟产业使制造业"空心化",所以与美国的制造业创新网络计划相比,德国的"工业 4.0"计划不仅仅是停留在促进制造业投资,而是利用积累起来的制造业优势,发展以信息物理系统为基础的智能化生产,以期通过制造技术与信息网络技术的融合,促进新技术的创新和推广,在生产方式和商业模式的创新方

面走在世界前列。

(一)德国"工业 4.0"计划与美国制造业创新网络计划的对比

1. 对新工业革命的划分方式不同

美英经济学家或未来学家把新一轮工业革命称为第三次工业革命。美国未来预测大师杰里米·里夫金在 2012 年出版的《第三次工业革命:新经济模式如何改变世界》①一书中,认为互联网技术和可再生能源结合推动全球进入第三次工业革命;英国《经济学家》杂志编辑保罗·麦基里在 2012 年发表的文章中提到了制造创新与第三次工业革命的关系,认为第三次工业革命建立在互联网、新材料、新能源相结合的基础上,以"制造业数字化"为核心,将使全球技术和市场要素的配置方式发生革命性变化。"工业 4.0"计划是面向制造业的,既不同于里夫金立足于新能源和互联网技术来分析未来工业革命,也不同于麦基里以生产方式的根本性转变作为新工业革命的划分标准,"工业 4.0"的核心是新一代信息技术和制造业的深度融合,其以制造业领域技术的渐进性进步为依据,将工业革命分为四个阶段:18 世纪末的英国工业革命,制造业实现了机械化;19 世纪末电气化实现了制造业的自动化;20 世纪 70 年代可编程逻辑控制器和信息技术在制造领域的初步应用,提升了制造业的自动化和信息化水平;当前基于物理信息系统(CPS)的新型制造方式将使人类步入以智能制造为主导的第四次工业革命,即"工业 4.0"阶段。

2. 对新工业革命的实现路径不同

德国与美国各自不同的产业优势,使两者在制造业创新战略实现新工业革命路径上各有侧重。

---

① [美]杰里米·里夫金:《第三次工业革命:新经济模式如何改变世界》,张体伟、孙豫宁译,中信出版社 2012 年版。

表 3-2 美国与德国制造业创新实现新工业革命路径对比

	德 国	美 国
原因	制造业受到"双向挤压"	制造业"空心化"
目的	发挥传统装备制造国家优势,提升产品市场适应能力与配套服务能力	发挥传统信息产业的国家优势,提升面向终端用户的体系性服务能力
方向	智能制造	智能服务
对象	工业装备	系统工程、工业互联网
重点	涉及供应链的装备产品制造、销售、售后服务能力提升,即智能化生产制造能力	涉及全产业链与生态链的技术、产品、服务体系应用能力的提升,即智能化体系服务能力及顾客价值创造
手段	以网络物理生产系统(Cyber-Physical Production System,CPPS)和物联网技术为核心,重点在设备的自动化和生产流程管理方面	以信息物理系统(CPS)和物联网技术为核心,重点在以智能设备、大数据分析和互联网为基础的智能化服务方面
目标	实现面向产品制造流程和供应链的"一站式"服务	实现面向用户服务链与价值链的"一站式"创新服务
典型企业	西门子、博世、思爱普(SAP)等专注于工业自动化、制造设备研发、公司资产管理的工业	通用电气公司(GE)、国际商业机器公司(IBM)、思科(Cisco)等专注供应集成设备服务和系统性服务解决方案的工业公司
借鉴意义	纵向智能化与横向服务相结合,通过全产业链的信息融合实现价值链的协同优化,创造一个高灵敏度、高透明度和高整合度的智能生产系统	面向工业应用的工业大数据分析与面向集群或社区网络的传统大数据分析相结合,实现从设备、系统、集群到社区智能化的有效整合,为用户提供全产业、全寿命周期的服务

资料来源:李杰:《工业大数据——工业 4.0 时代的工业转型与价值创造》,邱伯华译,机械工业出版社 2015 年版,第 17—18 页,有改动。

德国"工业 4.0"计划,核心是在制造业领域内构建物理信息系统,将物联网和服务联网全面嵌入制造工厂,从而彻底改变工业生产组织模式,物理信息系统向工业领域的全面渗透将推动工业从自动化走向数字化、网络化与智能化。以智能工厂战略为例,人、机器以及生产要素在一个系统平台沟通协作,智能产品自身携带制造过程中各个零部件的数据信息,通过这些数据信息在系统中人机之间进行交互,实现全程智能生产,智能工厂和智能生产设计体现了德国新工业革命的思路:

利用互联网信息技术改造具有传统技术优势的"刚性"工厂,通过工业大数据以及一系列工业软件等工具增强其产品的柔性,实现生产过程适应需求定制化的要求,以达到以互联网信息技术改造制造业,并将此模式标准化向全世界加以推广。如此一来,制造业将变得更为灵活、智能与个性化,实现了柔性制造与透明化生产,另外,制造业将从自动化向智能化演进,随着工艺流程复杂化程度的提高,企业管理工艺复杂度也随之升级,"工业4.0"计划不仅包括生产技术、生产组织方式的智能化升级,还包括企业管理复杂工艺能力的智能化升级。

美国虽然在航空航天、芯片制造等高新技术制造领域占据领先地位,但考虑到美国的劳动力结构、相关产业配套能力等已经较制造业鼎盛期发生了巨大的变化,传统制造业"空心化"的趋势将难以扭转。美国制造业复兴战略的目的并非使已经失去竞争力的传统制造业复归,而是通过既有信息技术优势彻底改造制造业生产模式,从本质上突破现有的国际制造业分工格局,再次实现其在先进制造业中的引领地位。这就要求美国以更高水平的制造业发展均衡策略来应对国际国内制造业发展的新态势。美国于2012年分别启动《先进制造业国家战略计划》和《国家制造业创新网络计划》,提出通过信息技术来重塑制造业发展新格局,并以此激活传统产业,这种从CPU、系统、工业软件和互联网等信息端,通过工业大数据等分析工具"自上而下"地改造传统制造业,与德国的从制造业生产体系出发,利用新一代互联网信息技术改造制造业的"自下而上"的思路完全不同,可以认为,美国的产业发展思路一直处于德国思路的上端,这与美国强调从零到一的颠覆式创新传统一脉相承。例如,近年来美国通用电气(GE)等公司倡导的"工业互联网"战略,以及谷歌等高科技公司向机器人、无人驾驶汽车等领域的渗透,可以认为是美国制造业创新推动新工业革命实现路径的一种体现。

3.制造业创新环节的侧重点不同

如果把产业创新分为商业化之前和之后两个阶段的话,那么美国、德国两国的制造业创新路径基本都是线性模式,即在基础研究和前商业化阶段加强技术突破,在商业化后的阶段不断优化创新环境,加速创新成果产业化,以缩短创新周期。即便如此,美国颠覆式的产业创新模式和德国渐进式的产业创新模式意味着两国的制造业创新战略虽然都重视关键技术的突破,但创新环节的侧重点还是不同的,美国比较注重基础研究到初次孵化这一环节的创新,而德国则注重商业化后制造技术和工艺的不断改进与完善,这也体现出美国制造业创新网络的核心在于基础研究成果的孵化,而德国“工业4.0”的核心在于工厂智能化。

这一区别源于美、德两国不同的创新传统,美国制造业技术创新能力的载体主要是为数众多的全球顶尖水平的研究型大学以及大量专业化的高技术中小企业和初创企业,而颠覆式创新模式还有三方面的制度原因:一是开放的移民政策,使美国吸引、集聚了全球最优秀的人才,积累了强大的基础研究能力和前沿技术开发能力;二是公平竞争的市场环境与宽松的管制,为各类创新孕育了适宜的生态环境;三是第二次世界大战中积累起来的军用产品科技水平以及复杂项目管理能力,造就了以波音、GE等为代表的一批美国大企业在飞机等复杂产品领域持续创新能力。

德国企业在19世纪末期通过组建各类实验室,构建了新的研发组织形式,逐渐形成了强大的技术开发与工程化能力,并不断加强产品和工艺过程中技术应用与创新。德国制造业创新能力的载体也是大量的中小企业,但不同于美国的专于技术开发的中小企业,德国的中小企业大多兼具技术开发与生产制造,工厂车间往往就是技术创新的场所,此外,美国中小企业很多是从研究型大学直接分离出来的,其创业活动非常活跃,而德国的中小企业则多为存续时间较长且在国际市场具有较高市场占有率的"百年老店"。

(二)德国"工业4.0"计划的实施路径

1.建立"官产学研"合作体系

首先,由德国国家工程院和德国联邦教育研究部牵头开展的"工业4.0"项目,体现了德国的国家战略意志和政策支持;其次,以西门子、博世为代表的德国制造业领先企业是"工业4.0"计划的积极倡导者和实践者,为"工业4.0"计划的顺利推进提供了资源保障和试验场;最后,德国重点技术型大学和著名的弗劳霍夫研究所为"工业4.0"计划提供技术方案咨询并且专业的行业协会同时参与这个工业项目,起到信息沟通协调作用。

2.成立"工业4.0"平台,关注重点实施领域及目标

"工业4.0"是一项复杂的系统工程,来自德国机械设备制造联合会和德国电气电子工业联合会等协会牵头,来自企业、政府和研究机构的专家建立"工业4.0联合工作组",对"工业4.0"进行研究并且向德国政府定期汇报,制定关键领域的相关标准,并且把产品规划、机械电气工程自动化及仿真技术、制造执行、生产运营和售后服务的全产品生命周期的各个环节的数字化作为"工业4.0"的重要领域,实施领域包括离散制造工业和过程制造工业,目的是通过数字化提升效率,快速对接消费市场,提供上市时间短且满足个性化、定制化的消费需求,增加德国制造业的全球竞争力。

3.德国"工业4.0"的战略愿景

通过在制造业中所有环节的参与者都能够进行高度的技术互动,互动围绕着制造资源网络(机械制造、机器人及自动化生产线、仓储系统及物流配送系统)进行,这些网络可以自成体系并可以互联互通,在全生命周期的体系下能够自我管理、自我配置并满足全网内智能管理、智能思考,按最优路径进行规划,最终实现数字化生产和物理世界的无缝对接。这就要求高度的自动化控制系统标准化、通讯系统标准化以及工业软件系统的标准化,并且提供安全可靠的工业云服务。

满足产品的可追溯功能,每件最终产品都有自己独一无二的身份信息,并且随处可见,可以明确识别从产品设计、模拟仿真到生产过程及仓储物流等全生命周期的产品状况,通过这些大数据,可以不断提高和优化产品生命周期。

"工业4.0"可以实现多批次、小规模状态下的获利能力,确保生产工艺及相关生产设备的柔性化,能够生产多种规格的产品能力。这就需要在构建工厂时满足智能化、数字化且具备生产个性化产品所需的工艺设备。

4.德国"工业4.0"的人才机制

培训适应新技术革命的合格人才,建立终身学习和持续的职业发展计划,同时培养实现"工业4.0"所需要的机电一体化人才,培养专业的机械设计及仿真,电气设计与仿真人才,能够使用工业软件进行产品的规划、设计、生产执行与运营,最终目标是提高效率,增加德国制造业的总体竞争力。

第三节　德国"工业4.0"与"中国制造2025"

自改革开放以来40年的时间里,中国制造业取得了非凡的成就,但对于德国制造而言,中国始终是亦步亦趋的追随者。纵观中德两国制造业发展史,有诸多的相似之处,德国制造的昨天就是中国制造的今天,有理由相信,德国制造的今天是中国制造明天努力的方向。就两国近期的制造业升级战略而言,"中国制造2025"与德国"工业 4.0"也有很多值得比较分析的地方,通过对比研究,有助于厘清"中国制造2025"在推广落实过程中面临的诸多问题,以沿着"中国制造2025"的技术路线顺利推进中国制造业转型升级。

一、"工业 4.0"的进化历程

德国按着工业社会的发展历程,把几次大改变和促进人类发展速度的技术革命,归纳为"工业 1.0"—"工业 4.0",每一次重大的技术变革,无不深刻地改变着人类的生活。概括起来,人类社会从第一次工业革命开始进入快速发展阶段,每次工业革命,不但是重大的技术变革,更是深刻的社会关系的变革。(图 3-4)简单回顾几次工业革命的情况:

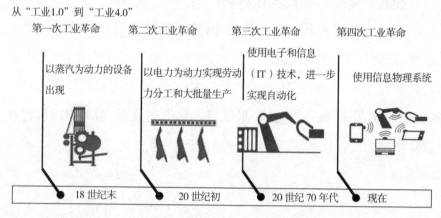

图 3-4　"工业 4.0"的进化历程

资料来源:德国智能数据研究中心,2011 年。

(一)"工业 1.0":第一次工业革命

第一次工业革命是在 1865 年,以英国人哈格里夫斯发明的"珍妮纺纱机"作为标志,这种机械式纺纱机大大地提高了生产效率,带来技术上的重大创新。紧接着,在纺织领域出现了更多技术创新,如1769年,理查德·阿克莱特发明了"卷轴纺纱机",这种新型设备,开始采用水流作为动力,使生产效率进一步提高,产品质量也得到了提升。1768年,卡特赖特发明了"水力织布机",使织布效率得到极大的提高。然而,由于水力作为动力,会受到季节及地理环境的影响,而瓦特在1875年发明的蒸汽机则为纺织领域的生产机械提供动力,人类社会的第一次工业革命也开始进入高潮,从而人类的生产方式正式开始从手工生产方式,快速地进入机械和蒸汽生产时代。后来,蒸汽机逐渐被广泛地应用于人类生产生活的各个行业,如交通(汽船、蒸汽机车)、采矿业等制造行业。第一次工业革命产生的先进技术快速被法国、美国、德国等西方国家所吸收和采用,从而大大地加快了人类社会的发展历程,加速了城市发展的步伐,同时也极大地改变了人类的生活,更使英国快速成为18世纪最为发达的工业强国。

(二)"工业2.0":第二次工业革命

第二次工业革命开始从蒸汽时代进入电气化与自动化时代,从第一次工业革命开始,自然科学的发展进入空前活跃的状态,从而大大地促进了技术进步,而技术的进步又被快速地应用于工业生产。如果说第一次工业革命以蒸汽时代作为标志,那么第二次工业革命则以电气化和自动化作为标志。从1821年英国科学家法拉第发现电磁感应现象,到1866年德国人西门子发明了第一台发电机,许多科学家做过很多深入的探索和研究。在这段时期,能够把电能转化为动能的电动机也被发明,从而使电力驱动成为可能。此时,电力作为动力开始成为蒸汽动力的替代和补充,从而使电力可以驱动机器,为机器的运转提供动力。1879年前后,德国西门子公司制作出了世界首台电力机车,同时,美国科学家爱迪生也发明了电灯。1879 年 12 月,德国人卡尔·弗里德里希·本茨,也就是知名的奔驰汽车公司创始人,发明了实用内燃机;1886 年,卡尔·弗里德里希·本茨成功试制世界上第一辆单缸发动机三轮汽车。很快由内燃机驱动的汽车、内燃机车、轮船、飞机等也得到了迅速发展。内燃机的发明,加快了石油开采业的发展和石油化工工业的进步。在 19 世纪 70 年代,美国人贝尔发明了电话,到 19 世纪 90 年代,意大利人发明了无线电报也取得了成功,1903 年,美国人莱特兄弟发明了飞机,在 19 世纪后期,在西方主要资本主义国家,新的科技发明层出不穷,世界各国间的经济、政治以及文化联系得更加紧密。同时,从第二次工业革命开始,一个明显的趋势是由于新技术的大量使用,使企业间的竞争加剧,进一步促进了资本和产业的集中,使用新技术的企业迅速地淘汰落后技术企业,也逐渐形成了企业的垄断。第二次工业革命极大地推动了生产力的发展,提高了生产效率,使大批量生产成为现实。人类社会在政治、军事、经济、文化以及科技、生产力等方面发生了深刻的变化,世界格局逐渐形成了西方国家技术先进、经济发达,东方国家技术落后的局面。

(三)"工业 3.0":第三次工业革命

第三次工业革命是继蒸汽技术革命以及电力自动化工业革命后的又一次重大的工业革命,主要体现为电子和信息技术系统被广泛使用和普及,同时在航空航天科技领域、原子能开发和使用领域、生物工程、制造及服务业等领域,信息技术都得到了广泛的使用和普及。它已经涉及人类生活的方方面面,时时刻刻改变着人类的生活。1946 年 2 月 14 日在费城开始运行的 ENIAC 计算机作为人类第一台全电子数字计算机,标志着电子和信息技术革命的开端,此后,信息控制系统被广泛地应用于空间技术领域。在 19 世纪六七十年代,大规模集成电路的出现,使电子信息技术取得重大突破,体积越来越小,性能越来越强,到19 世纪 80 年代发展出智能计算机,每秒可以达到上亿次的运算速度。所有这些电子信息技术的革命和创新,不断满足大规模数据处理和工业控制能力提升的需求。从 19 世纪 80 年代到今天,每隔几年,我们可以看到,电子信息技术都在跨越式发展。体现为体积越来越小,性能越来越强,成本越来越低。电子信息技术已经触及人类生活的方方面面,不断改变人类的生活方式、思维方式。它正以前所未有的速度,改变人类的生活,使生活变得越来越容易。在过程工业、机器制造业,分布式控制系统(Distributed Control System,DCS)、自动化控制系统已经得到广泛的使用。结果是工业生产的效率越来越高,生产过程越来越可视化,控制方式也越来越智能化。所有这些,都要归功于技术的进步,尤其是信息技术、网络技术以及计算机技术在工业领域得到快速的使用。可以说,第三次工业革命不但推动了经济的快速发展,同时也改变了人类传统的生活方式,另外,也缩短了世界上国家、地区间的距离,使人类的交流变得更加简单,知识和技术的传播方式更为便捷。从另外一层意义上讲,信息技术的革命,使人类的文化更加融合,国家间相互依托度更高,人与人之间的距离变得更近。

(四)"工业 4.0":第四次工业革命

德国"工业 4.0"是德国政府提出的国家战略,在 2013 年的汉诺威工业博览会上正式推出。德国学术界和产业界一致认为,"工业 4.0"概念就是以智能制造为主导的第四次工业革命,德国"工业 4.0"推出的主要目的是在新一轮的工业革命中,增强德国工业的整体竞争力。德国"工业 4.0"的提出,生产制造由集中式控制向分散式增强型控制的模式转变,目标是建立高度灵活、个性化和数字化的产品与服务模式,在这种模式下,传统的行业界限将消失,将产生各种新的活动领域和合作形式,创造价值的过程也将发生改变,产业链分工将被重组。

二、德国"工业4.0"的主要特点

(一)"工业4.0"的核心是新一代信息技术和软件系统与传统工业生产的深度融合

德国科技精英们认为,未来德国保持工业核心竞争力的关键是不断提高生产力,加强节能高效以及不断提高生产灵活性。这样就可以降低成本,缩短产品上市时间,并通过增加产品生产的种类,不断满足个性化的需求。在未来制造领域,现实世界快速发展的信息技术以及新兴技术的快速应用必将快速融合到生产制造环节,生产方式必将因工业信息技术和软件技术的应用发生根本性的改变。通过工业软件使生产工艺间的生产工序有了交互性,个性化的产品包含通用产品的基本特征,并实现了局部工艺的个性化,正是基于这样的需求,通过信息技术和工业软件工程师的创新,就可以智能化地规划生产工艺,实现个性化生产。工业软件和信息技术的参与,帮助实现了虚拟和现实的交互,显著提高了生产率,这种新的趋势会加速工业领域的转变并最终产生革命性的影响。

(二)德国"工业4.0"使生产过程更加智能化以满足个性化需求

(见图3-5)

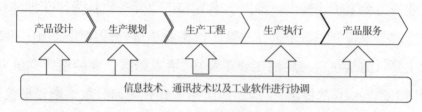

图3-5　生产过程的智能化

资料来源:笔者绘制。

战略规划要求德国装备制造企业必须遵循"工业4.0"的制造理念，在生产和研发过程中，符合"工业4.0"的标准。总体的方向是在现有的基础上，减少新产品的上市时间，缩短新产品的上市周期。利用物理信息系统加快产品和生产过程的集成。另外要提高产品的灵活性，使生产能够满足更加个性化的需求，适应剧烈变化的市场，进而提高生产效率，实现更加灵活的生产。同时在生产过程中，能够提供全闭环的质量监控体系，利用先进传感器、智能识别系统，以及大数据技术，使得每件产品在生产过程中，都对应自己的身份识别，使整个生产过程做到透明，从而达到产品质量控制的整体可追溯。通过优化产品生产规划，实现能源效率和资源效率的提升。

这就要求必须改变传统的电气化生产方式，使生产变得智能。而生产的智能化则要求装备制造企业能够改变过去的理念，提供能够满足"工业4.0"需求的产品和解决方案。具体就是在"工业3.0"的基础上，能够把信息技术、大数据技术以及创新的软件技术融合到工业生产领域，可以把过去独立的产品设计过程、生产规划过程、生产工程过程、生产执行过程以及产品服务流程通过先进的网络技术、信息技术以及软件技术，能够自动地按着需求进行规划和生产，使生产变得透明和智能。

（三）信息通信技术与生产过程的高度融合使智能工厂与智能生产成为可能

信息通信技术ICT以及工业软件使智能化工厂成为可能。重要的一点就是在生产环节，要使产品生产工艺中不同的设备之间进行智能对话，即实现设备通信，从而通过设备间的嵌入式软硬件系统实现工厂的智能化，各类的应用软件包括产品生命周期管理系统（PLM）（如西门子Teamcenter/NX）、企业资源规划系统（ERP）、供应链管理系统

(SCM)，使企业的产品设计、工程与制造执行等环节紧密地连接，而"工业4.0"如生产过程的"大脑"一样起到指挥协调作用，从而实现整个生产流程的智能化。

（四）德国"工业4.0"的主体架构

"工业4.0"要求所有技术数据有标准化和开放的参考体系，要求所有互联互通的设备、数据具有统一的接口规范、统一的数据通信格式。产品生命周期管理软件PLM通过标准的通信方式，能够自动执行工程任务，在自动化系统中运行。同时，可以根据设计需求，完成机械电气部分的设计，按着生产工艺需求对新设计的软硬件进行仿真调试，这就会大大地缩短新产品上市的周期，降低系统实验风险，增加工程设备的可靠性，在生产环节，通过制造执行系统和能源管理系统，能够透明地监控到生产所有的能耗数据。通过云服务，可以使产品服务和系统维护与生产环节进行闭环管理，这就要求工业内部通信与外部世界的网络互通保证安全、可靠，通过工业安全系统保证信息安全，免受网络攻击。

三、德国"工业4.0"实施案例：西门子成都工厂

2013年，位于成都市高新区的西门子工业自动化产品研发基地正式投产运营，这个工厂实现了从自动化产品的设计到制造的数字化。该工厂的建立是基于西门子的姊妹工厂——德国班贝格工厂的"工业4.0"标准建立的，目的是实现"工业4.0"理念，造就未来智能工厂的典范。该工厂实现了企业资源规划系统（ERP）、产品生命周期管理系统（PLM）、制造执行系统（MES）、控制系统以及物流系统的高度集成和互通。

（一）数字化研发：协同快

该工厂的数字化过程中，西门子数字化解决方案所推广的核心软件、仿真软件（NX）以及协调中心（Teamcenter）软件在整个生产环节中扮演了"智能指挥官"的角色，它为新产品研发过程中数据的实时传递和同步更新提供服务，得以在生产流程中及时更新生产所需的工艺流程，而且有效地避免了传统企业中由于沟通错误造成的差错，大大地提高了从研发到生产环节的效率，缩短了产品的上市周期。

西门子成都工厂承担着西门子公司部分中低端自动化产品服务于全球的研发和生产服务。所有新产品的研发都归功于西门子的全生命周期管理系统的解决方案 NX 软件，这个软件可以提供从产品设计到工程过程和虚拟仿真以及制造过程中各个环节的服务，所有这些与制造相关的软件及与之对应的硬件技术，都是西门子公司自己提供的方案，同时也是基于西门子公司的技术实施的。西门子公司是目前世界上屈指可数的能够提供从产品设计，包括机械设计到仿真，到生产工艺设计与仿真，从"仿真到现实"的一家在工业领域提供从软件到硬件服务的公司。通过生产数字化节约了 90% 的编程时间，使得西门子成都工厂的新产品开发时间大大缩短。

在完成产品设计后，协调中心软件能够协调质量部门、采购部门以及物流部门共享产品数据，相对应的部门会根据数据信息对产品的生产和销售提供服务。协调中心所共享的数据，在不同的部门间调用时，所有的数据都是共享的，当每个部门所使用的数据发生更新时，相关部门会在第一时间得到最新的数据，所以这些使得工厂的研发过程变得高效，同时也避免了传统研发过程中可能出现的错误和延误。

(二)数字化生产:高效率

自动化产品生产过程中,西门子成都工厂能够实现轻松高效。由于实现了高度的数字化,每时每刻,基于西门子的数字化企业的生产制造执行系统软件所生成的生产任务都会实时地显示在工作人员的面前,数据更新周期小于 1 秒,所以工作人员随时可以察觉最新的生产任务。而不需要任何传统企业所需的抄写任务单,在生产线间进行交流从而完成生产调度,生产订单由制造执行系统统一下达指令,然后在企业资源规划系统下,实现生产计划、物料管理,同时提供工厂信息管理、生产维护管理、物料追溯或者是工厂的设备管理、品质管理以及制造环节的关键数据管理等多种功能,保障了工厂的数字化。

每种产品所需的关键零部件在产品规划设计中已经完成,而每个运载零部件的载体有它唯一的身份号码,所有的身份信息通过传感器技术读取和处理,通过西门子的软件系统可以追溯和跟踪每件产品所需的物理信息,完成自动识别和思考过程,从而完成了"柔性"生产过程。西门子成都工厂,正是基于先进的数字化生产技术,完成了一条生产线可以生产多种产品。

在西门子成都工厂,所有的自动化生产线的解决方案来自西门子全集成系统(TIA),所有生产设备及连接设备间的输送装置都是基于西门子的可编程控制器来完成生产和工艺段间的传输,通过传感器来识别产品信息,通过输送小车运送不同工艺段间的半成品进行加工,通过实时工业以太网总线技术连接所有的控制器、传感器与软件系统,完成了现场层到生产执行管理层级的数据交换。西门子成都工厂总经理对高效生产给出了具体数字:"成都工厂产品的一次通过率(FPY)可达到99%以上。"

当一件产品在一个工位装配好,自动化生产线知道产品的身份信息,记录相关的数据,制造执行系统会通过该数据把产品送到下一步的加工工位,在到达下一个工位前,产品要进行检测,通常在产品加工装配过程中,在重点工艺段间都有多个关键检验位置,视觉检测会把相机拍下的图片与协调中心数据平台下面与之对应的图片进行比对,有一点点问题都会得到及时处理。在经过多道检验工序后,成品被输送到包装中心进行包装、装箱,最后根据订货和发货信息自动存储于物流中心或者立体仓库。所有的检验都是自动完成的,每件产品都经过严格的质量检验与控制,相对于传统的质量抽测措施,数字化无疑提高了产品的质量。

在西门子成都工厂的数字化车间,很少发现密集的操作工人,因为大多数工作是系统智能化完成的。通过产品生命周期管理系统和制造执行系统的信息互通,西门子可以协调全球工厂的资源,从而使不同工厂间的生产计划可以进行优化,达到资源的最佳配置和最大的效率。

(三)数字化物流:精准有序

我们一起来看看西门子成都工厂的数字化物流系统。在每个生产工艺段,当需要另外一个装配部件的时候,制造执行系统会智能地规划该工艺所需的部件,自动地提前把此工艺段所需要的部件准确地从中间立体库中输送到此台加工设备。而完成此次智能输送任务的是西门子智能物料输送技术,自动化生产线的传感器会引导小车去它该去的位置,而下一段工艺要做什么则完全依赖于制造执行系统、企业资源规划系统以及西门子仓储管理软件。所有的加工过程是全"透明"的,不需要人工干预。相对于传统制造企业,以上的工作非常繁杂。需要工艺人员制定产品加工工艺流程,同时需要把加工工艺以工作指令的方式安排给工厂工人,工人要不停地运送生产所需的各种部件,不停地往返于加工设备与仓库之间。当出现新的订单的时候,更要不停地更新生产任务,所以当进行仓储的时候同样都需要大量的人员参与。而经过数字化仓储,工厂可以适时适量地根据订单生产出客户所需要的产品。根据订单的状况,可以自动存储将要进入不同发货区的货品。在西门子成都工厂,有3万个物料存放盒子,取放料不是通过叉车进行搬运,而是通过衍架机械手自动定位抓取,这样使仓库更加紧凑,大大节约了仓库的空间。

(四)数字化企业:制造业未来

中国的制造企业面临着劳动力成本不断上升、单位能耗要求不断下降的困境,同时还要保证产品能够在最短的时间上市以抢得市场先机,不断地优化和提高生产效率,还要面对不断提高的个性化市场需求。如何在全球市场上保持自己的竞争优势,使生产能够与市场快速对接,提供高效的服务且满足多元化需求,是所有传统企业都在思考的问题。而高效、快速和柔性正是数字化最大的优势。目前在德国,已经有很多制造企业,包括消费品制造企业甚至机械制造企业,开始进行数字化,上面提到的例子,无一例外都给企业的生产和制造带来好处,可以减少上市时间,优化质量,提高效率,降低成本,数字化就是制造业的未来。

四、德国"工业4.0"对"中国制造2025"的启示

"中国制造2025"和德国"工业4.0"在发展基础、战略任务、产业阶段上存在很大区别。比如,在发展基础上,德国是世界制造强国;中国制造却大而不强,特别是在研发投入、技术水平、产品质量、品牌形象、效率效益、产业竞争力等方面差距明显。再如,在战略任务上,德国"工业4.0"瞄准新一轮科技革命,焦点在制造业的高端产业和高端环节;"中国制造2025"则对整个制造业转型升级进行谋划,不仅要培育

发展新兴产业,还要对大量的传统产业进行改造升级,还要解决制造业创新能力、产品质量、工业基础等一系列现阶段的突出矛盾。又如,在产业发展阶段上,德国已成功完成"工业 1.0""工业 2.0",基本完成"工业 3.0","工业 4.0"正当其时,产业是串联式发展;而中国制造业大体处于"工业 2.0"后期的发展阶段,需要走"工业 2.0"补课、"工业 3.0"普及,"工业 4.0"示范的并联式发展道路。

二者虽然有很大差别,但也有共同之处,比如都把推进信息技术与制造技术的深度融合放在第一位,智能制造都是未来的主攻方向,对于如何把握住新一轮技术革命和产业变革的发展机遇,德国"工业 4.0"对"中国制造 2025"有很大的启示。

(一)把握智能制造这一主攻方向

"中国制造 2025"坚持以智能制造为方向,能够紧紧跟随先进制造业的发展步伐。通过智能化生产,完成从产品设计到装备生产制造过程的智能化,最后完成产品服务过程的数字化。中国应该在构建"中国制造 2025"的架构过程中,首先思考在构建中国工业智能制造方向中应该优先发展的领域:例如,在智能制造中,是否具有先进的工业软件,是否可以建立工业数据通信领域的标准,包括数据接口标准、软件接口标准以及工业自动化相关设备的通信标准。只有标准的建立,才能够在不同设备间进行有效的沟通,最终实现数字化工厂。引领制造业相关企业遵循行业规范,进行有效的引导。只有工业领域能够充分参与到"中国智造"的洪流中,并且获得智能制造带来的好处,才能够加快"中国制造 2025"的步伐。

(二)不断加强产业创新

应该充分借鉴德国"工业 4.0"和美国工业互联网的理念,找出二者的共同点:二者的核心都有标准的体系、技术体系以及产业体系。要达到智能制造,要掌握产业发展的主导权,要具有不断的产业创新能力,引领优化配置生产装备符合智能工厂标准,优化供应链满足智能制造标准,第三方应用符合智能制造系统标准,提高跨平台系统的通信能力。在这个过程中,不断地强化智能工厂系统解决方案,同时加强智能装备的创新能力并且在不断学习先进理念和技术的基础上进行创新,进而达到满足市场需求的个性化、定制化和动态化趋势,提高对市场的反应能力。

(三)坚持人的核心地位

德国"工业4.0"重视劳动者,始终以人的安全与适应为核心。比如,德国劳动保护所根据"工业4.0"战略要求,率先建立了"劳动4.0"战略研究。考虑到中国庞大的劳动就业需求,在未来制造业的转型升级中,高素质的工程师和技术工人队伍建设至关重要,始终应该重视劳动者的劳动岗位、就业环境、技能提升、劳动安全等重要问题。应该认识到,未来制造业转型升级始终应该是人与机器的充分匹配与融合,而不是机器完全替代人。

(四)应充分重视信息安全

信息安全是工业领域的重要问题,由于涉及市场和服务,要完成个性化、定制化生产,加快产品的上市时间,就要建立智能工厂与消费市场跨应用平台的通信,而网络安全与防护就变得尤为重要。一方面必须保障工业生产的安全,另一方面也要保障商业信息的安全。借鉴先进经验和技术,构建自己的相关学术组织、主体参与。达到各个网络层级的安全,诸如工厂内部局域网络的安全以及外部网的信息安全,以及消费者的信息安全等都要在以后实施过程中达到多层次、全方位的防护。

（五）进一步拓宽中德合作领域

一是可以加强在"工业4.0"共同标准制定方面的合作；二是加强在劳动者保护与适应方面的合作；三是加强工业基础设施方面的合作、强化产业互联网安全合作；四是加强在信息与通信基础建设、工程机械制造等领域的合作。

第四章　中国制造业转型升级的
内涵、动力与路径

当前,中国制造业转型升级正逢新一轮科技革命和产业变革兴起之时。新一代信息通信技术迅猛发展,催生了移动互联网、大数据、云计算、物联网、务联网、3D 打印、人工智能等技术的普及应用,推动制造业生产方式与制造模式的深刻变革,数字化、网络化、智能化刻画着制造业发展的未来图景,智能制造浪潮在制造强国方兴未艾,德国的"工业 4.0"聚焦"硬制造",美国工业互联网注重"软服务",无论是偏硬还是偏软,都意味着以跨界、融合、协同为核心的制造业创新生态系统正在加速形成。在新一轮科技革命与产业变革的背景下,中国制造业转型升级的内涵、机理、动力机制也发生了新变化,转型升级将面临新的挑战与机遇,洞悉新挑战、新机遇,揭示新变化,将有助于科学谋划制造业转型升级的实施路径。

第一节　中国制造业转型升级
面临的机遇与挑战

一、新背景下制造业转型升级内涵的重新诠释

新一轮技术革命和产业变革以数字化、网络化、智能化的技术发展

为基础,以现代制造技术对大规模流水线与柔性制造系统的改造为主体,以基于可重构生产系统的个性化制造与快速市场反应为特点,是一场嵌入在企业管理模式、产业组织方式与宏观制度系统中的技术经济范式的深刻变革。新一轮产业变革源于先进制造技术的突破,而从先进制造技术发展到一国的产业生产组织方式、产业竞争力的根本变化,却是内化于生产设备中的制造技术与人力资本的能力结构、微观企业的管理模式、中观产业组织方式和宏观制度框架相互匹配、协同演进的复杂过程。这场变革不仅改变了制造业的要素投入结构,还将改变制造业的产业组织形态与国际产业竞争的范式,最终将改变国家间的比较优势条件,从而重塑全球制造业分工格局,终将影响中国制造业的赶超路径,一系列的新变化使基于传统技术基础和制造模式的制造业转型升级内涵有了不同以往的新变化,需要结合制造技术和产业变革的新趋势、新模式作出新的诠释。

(一)制造业转型升级不是简单地"去制造"的过程

关于制造业转型升级,长期以来一直有两个层面的理解:一是产业结构角度,制造业的转型升级过程衍生于三大产业结构的持续调整过程,由于工业化中后期工业的边际产出不断下降,并最终低于服务业的边际产出,工业在国民财富中的比重将出现下降,而服务业的比重则逐步提升,与此相对应的是制造业生产制造环节创造的价值越来越低,与制造业联系紧密的生产性服务业成为价值创造的核心,制造业出现了服务化趋势。二是从价值链角度,制造业转型升级主要表现为从价值链低端向价值链高端延伸的过程,最经典的当属"微笑曲线"理论,即价值链高端是处于曲线两端的研发设计与管理营销环节,而价值链低端环节则是处于曲线底部的生产组装环节。无论是哪种角度的制造业转型升级,都认为制造业或制造环节的价值创造能力有限,粗放发展的制造业往往导致资源浪费和环境污染,属于典型的被升级的对象。因此,对于先发国家而言,其产业升级过程就是遵循"雁行模式",不断把低附加值的制造环节转移到发展中国家,自身只保留研发设计与管理营销等高附加值环节;而对于后发国家来说,就是接受发达国家的产业梯度转移并逐渐由"微笑曲线"底部的低附加值的生产制造环节向两端的高附加值的研发与营销环节跃升。

如此一来,产业转型升级的过程也往往演变为"去制造"的过程。有的学者认为,通过"去制造"实现产业升级,依赖三个重要的前提假设:一是产业规模而非产业的经济属性对于经济发展很重要;二是制造业的价值创造能力必然低于其他价值链环节和其他产业;三是制造与研发、营销等价值链环节是相互独立的,各价值链环节在空间上分离或在企业内部的一体化都不会影响其他价值链环节的创值能力。① 但随着现代制造技术的发展,生产制造的复杂程度越来越高,上述前提已越来越不具有解释力。首先,制造业对于国民经济的贡献越来越体现为其所蕴含的生产性知识的复杂性,而非制造业直接创造的价值或制造业在国民经济中的比重;其次,虽然发达国家的制造业占经济总量的比重不断下降,但是其承载高端要素和蕴含知识积累的能力却丝毫未减,比如,美国制造业占国民生产总值的比重虽然不足 20%,但承载的研发投资却超过了 2/3;最后,现代虚拟制造技术改变了传统的"设计、开发和制造"的线性创新过程,使其变为"并行"的创新过程,制造现场像实验室一样成为创新的场所,制造资源成为企业创新系统的一部分。越来越多的证据表明,新技术革命的背景下,具有复杂知识生产能力的先进制造业越来越有价值,制造业的转型升级绝不是简单的"一刀切"

---

① 黄群慧、贺俊:《"第三次工业革命"制造的重新定义与中国制造业发展》,《工程研究——跨学科视野中的工程》2013 年第 2 期,第 184—193 页。

地"去制造"的过程,而是要依据制造技术、制造产品生命周期的不同阶段、依据各制造行业的不同特点、依据各国或地区不同的核心制造优势等来选择相匹配的转型升级模式。

（二）制造业转型升级不是一味地"追高端"的过程

未来的制造业的转型升级不仅是推动传统产业与低附加值环节向高技术产业与高附加值环节转变的问题,还包括如何利用现代先进制造技术给传统产业和制造环节赋能,并形成新的竞争优势的问题。首先,在后发国家的转型升级中,虽然从大规模标准化生产范式下的"组装搭配"环节跃迁到产品创新环节异常重要,但产品技术和工艺技术融合发展的技术趋势下,实验室环节的产品创新与制造环节的工艺创新越来越密不可分。因为现代先进制造在产品设计研发阶段就要实现产品稳定性、可靠性、可制造性等工艺性能,这就要求产品设计环节与生产工艺环节要频繁互动,不光要设计理念超前新颖,还要求有稳定可制造的工艺技术,以保证设计理念变成真正可用的产品,尤其当生产过程复杂特殊且不易理解时,产品设计所需的各种决策参数就更难确定,不具备足够的工艺制造能力不仅无法完成后续的工程化和产业化,连产品设计本身都无法顺利完成。[①] 其次,随着信息技术与互联网技术向传统制造领域的渗透,传统"微笑曲线"分工模式向"全程协同"模式转变,"微笑曲线"分工模式下,企业通过生产标准化、规模化、流程化以及低成本的产品来获取竞争优势,并通过向曲线两端攀升实现转型升级,但在"全程协同"模式下,产品设计研发、生产制造、物流配送、品牌渠道、消费反馈各个环节可以参与价值创造、价值传递、价值实现等环节,消费者获得个性化产品与定制化服务,企业获取超额利润,转型

---

① Karl Ulrich,"The Role of Product Architecture in The Manufacturing Firm",*Research Policy*,Vol.24,1995,pp.419-441.

升级不再是单一地追求高端化的过程,而是需要整个平台型商业生态系统的能力升级。

(三)转型升级逐步向系统化、生态化方向转变

新一轮技术革命与产业变革将推动制造业竞争范式由某一特定环节的竞争转向整个制造业生态系统的竞争。首先,制造业的产业组织形态向多元化演进。一体化的大企业与小规模分散化的小企业共存共赢,均有成长空间,这是因为,设计研发与生产制造的一体化趋势将彻底改变近几十年来由跨国公司主导的全球外包模式,全球价值链逆向分离趋势将减缓,分割的价值链将被重新弥合,研发与制造环节尽量接近彼此以充分发挥协同效应,这无疑会强化大企业的竞争优势。另外,现代制造技术也促使小型化经验模式的兴起,例如,3D 打印以及互联网虚拟空间等先进技术就催生了创客这类微制造与个人创业的分散组织形态的出现,而大数据、云计算、数据挖掘等技术的快速发展则提高了小微企业的存活率,众多专门提供信息服务的第三方企业的出现,为地理上远离信息中心的小微企业以低成本获取数据存储和计算能力提供了可能。其次,产业组织多元化导致系统生态化,众多企业共同支撑与共享的平台的质量决定了产业的升级潜力。支撑产业组织多元化是产业系统的生态化,柔性制造与服务型制造趋势改变了传统企业间一一映射的供求关系,同一类产品与服务可以对应多种行业的需求,不同产业链相互交织,形成多维复杂的网络结构,多个企业支撑一个平台或一个产品涉及多个平台。例如,数字制造企业同时涉及超算平台和超级宽带平台,因此很难确定提升产业核心竞争力的关键资源到底是哪些环节,换言之,某个技术环节或某个产业链环节无法决定整个产业的竞争力,产业转型升级依赖整个系统质量的提升,因此,转型升级的方向不再如"微笑曲线"揭示的那样简单,升级不再是某个价值链环节升

级,而是整个产业生态系统的升级。

二、新背景下中国制造业转型升级面临的机遇与挑战

中国和发达国家掌握新一轮工业革命核心技术的机会是均等的,这为中国制造业发挥后发优势,为实现跨越发展提供了可能。中国可以充分利用新技术导入期的机会窗口,成为信息技术和制造业融合创新的先行者,在制造业数字化、网络化、智能化方面走在前列,成为新的制造范式的重要制定者和主导者,在比较短的时间内追赶制造强国的先进水平,大大缩短制造业转型升级进而实现制造强国的时间历程。此外,先进的制造系统和范式对中国制造业的要素匹配度、企业管理模式、产业组织结构、宏观制度保障提出了更高的要求,对中国制造原有依赖成本优势融入全球价值链分工的转型升级模式提出了巨大的挑战。

(一)机遇

1. 庞大而多层次的国内市场为资本品制造业转型升级提供多样化的实现条件

首先,中国巨大的市场潜力为新技术的孕育提供了最低门槛规模,任何新技术成果从实验室走向产品再走向大规模量产,如果没有基于大量用户需求的市场规模效应,技术的产业化所需要的大量投资就面临无法收回的风险,将影响企业新技术研发与产业化的积极性。中国制造业由于门类齐全,市场潜力巨大,可以孕育各种层次的技术和产品创新,为有价值的新技术提供足够规模的产业化市场。其次,中国产业水平无论在生产端还是消费端都存在巨大的区域差异,产业发展存在多层次的差异化需求,这为多样化的产品开发应用提供了可能,非均衡差异化的市场天然充当多种产品技术创新与转型升级路径的试验田,

而中国产业发展的区域不均衡特征,可以使先进制造装备生产不同梯次的产品以满足不同梯次市场的需求,客观上为制造企业提供了学习试验、进一步改善的时间和空间。因此,对于中国制造业而言,无论是从生产端出发,借鉴德国"工业4.0"和美国工业互联网的做法,利用互联网、云计算、大数据等技术与制造技术的深度融合,重构产品研发设计到推广应用的全过程,最终推动传统制造向智能制造转型;还是从消费端出发,利用中国移动互联网、电子商务高度发达的优势,推动移动互联网、物联网、大数据等技术与现代制造技术深度融合,催生新模式、新业态的产生,推动制造业走"互联网+"的转型升级之路,在中国这个大规模、多层次与差异化市场环境中,都能找到相匹配的应用行业。中国制造业门类齐全但发展水平参差不齐,既有处于2.0阶段的行业,也有处于3.0阶段的行业,这为制造业在国内通过梯度转移进行转型升级提供了条件。比如近年来珠三角电子制造业的大规模使用机器人,就是从生产端出发推动转型升级以应对"招工难、招工贵"的问题,与此相对的是,原处于贴牌生产阶段的青岛红领集团,从消费端发力向大规模定制化转型,走出了一条从顾客到工厂的转型升级之路。

2. 巨大而差异化的消费市场为消费品制造业转型升级提供战略纵深

消费品制造业的转型升级与需求结构变化密切相关,中国消费市场也具有规模潜力大、多层次差异化的特点,为中国消费品制造业的转型升级提供了战略纵深。首先,不断推进的城镇化进程和日益庞大的中产阶级数量,使得中国的消费需求规模大、潜力大。2016年我国人均GDP达到8800美元,已进入中等收入国家行列,有研究表明,中国现有中产阶层数量现已超过2亿人,且未来十年内中国中产家庭数量还将以年均15%的速度增长,其消费能力的年均增速将超过21%。中产阶层的崛起也使消费外流成为不可忽视的现象,商务部的数据显示,中国游客每年在境外消费超过万亿元,而不断增长的境外消费也在一定程度上倒逼消费品制造业向质量提升、品牌培育方面转型升级。其次,多层级差异化的消费需求,使中国消费品制造业的梯次升级特征,中国幅员辽阔且城乡和区域发展差异较大,与发展均衡且消费结构单一的小规模经济体不同,中国的消费需求具有明显的梯次性,温饱型消费、小康型消费和享受型消费将长时间并存,由于市场需求差异大,中国的制造企业将面对接力式的需求浪潮,增大了转型升级在时间和空间上的回旋余地。例如,在一些消费品行业,今年一线城市流行的产品,一两年后才会在县乡级别的城镇出现,梯次性的市场需求为中国制造业转型升级提供了良好的战略纵深,中国的制造企业也将在一波一波排浪式需求的梯次释放中,通过梯度转移实现制造业的转型升级。

3.较高的创新积累为吸收、融合全球的创新要素进行制造业创新系统升级创造条件

首先,中国制造的创新能力持续提升,创新是中国制造业转型升级的原动力。从发达国家的经验看,研发强度一旦达到1%这一临界点,研发就会以更快的速度提高,创新活动逐渐在整个社会普及,创新企业大量涌现并快速扩展,制造业发展也由要素驱动向创新驱动转型升级。中国在2000年研发强度首次达到1%,在2013年首次超过2%,当前,中国已是全球研发工程师最多的国家,每年申请的专利数量全球第一,每年的科技论文数量仅次于美国居第二位,中国制造业已经积累了较好的创新基础,美国康奈尔大学最新发表的《2016全球创新指数报告》显示,中国的创新指数排在第25位,2016年,中国是首次进入前25名的唯一的非高收入国家,表明中国的创新能力的快速提升,在创新领域的综合表现已明显超出高收入经济体的平均水平。其次,受益于近年

来中国创新能力的提升,越来越多的中国企业把触角伸到了全球,开始吸收、整合全球的创新资源为己所用,中国的制造企业超越了原来简单引进、消化吸收、再创新的转型升级方式,而是采用更加主动的方式在全球范围内搜寻创新资源。比如,许多中国企业开始通过所谓反向FDI或跨国并购等方式,获取发达国家的创新资源。反向FDI获取技术创新来源与传统FDI模式有较大的不同,是中国制造企业主动在全球布局产业链而进行跨越式升级的模式,大大压缩了转型升级的时间周期,比如,直接在技术、创新密集国家建立海外研发中心,通过海外并购整合具有先进技术的企业、通过风险投资介入战略性新兴产业等,这种方式使中国制造业主动融入全球制造业创新生态系统中。2000年以来,中国制造在全球市场中有竞争力的产业,不再局限于简单低成本、劳动密集型的服装等行业,而开始向机床、汽车、高铁等高附加值行业升级。

(二)挑战

卫维克·维德瓦在2012年发表的一篇文章中认为,人工智能、机器人、数字制造技术,正在改变全球制造业的版图,三者的融合将引发制造业的大革命,发达国家将以此重新建立制造业的发展优势地位,这将给中国制造业转型升级带来巨大的挑战。

1.知识、技能型劳动力的匮乏将是中国制造业转型升级的薄弱环节

首先,新一轮科技革命使发达国家充分利用先进制造设备和先进制造技术来提高制造业的生产效率,同时互联网信息技术重构生产制造过程,不但减少了简单劳动力的数量,还增加了对知识、技能型劳动力的需求,要求从事生产制造的劳动力不但具备现场操控机器设备的能力,还要具备与前端研发设计科研人员、后端品牌营销的管理人员沟

通协作的能力。而中国目前尚存在大量未接受过正规职业教育的"农民工"为主体的低端劳动力,与新技术和新制造范式匹配的知识、技能型劳动力培养滞后。美国东西方研究中心的恩斯特(Dieter Ernst)曾指出就业、劳动技能和劳动力市场方面的问题是中国推进"中国制造2025"、实现制造业转型升级的最大的薄弱点。① 据专家预计,"中国制造2025"涵盖的十大关键领域面临的人才缺口到2020年将达1900万,到2025年增至2900万。② 由于高技能劳动力不足,中国在质量层面进行转型升级将面临极大挑战,例如,若没有足够的技工对工业机器人进行持续维护,就无法发挥机器人为生产线创造的价值。而德国因为拥有更为成熟的职业教育体制,即使十年后的德国会因"工业4.0"减少61万个现有的工作岗位,但还会在分析学、研发及新兴领域增添96万个新的工作机会。③

2. 新的制造范式对企业管理模式的匹配性提出更大的挑战

新技术革命以及新的制造系统对中国制造业转型升级的影响,并不在于弱化了中国制造的成本优势,而在于对如何形成新的竞争优势提出了更高的要求。先进制造技术的普及可以使发达国家的某些要素成本显著降低,进而改变要素投入结构,最终在制造业维持"可接受成本"的基础上,对快速变化的市场需求作出及时反应,提供比中国制造产品种类更丰富、功能更齐全、质量更稳定、使用更方便、环境更友好的

---

① Ernst Dieter:《先进制造业和中国就业的未来》,美国东西方研究中心:《创新和经济增长系列》第8册,2016年8月,第20—21页。

② 《大国重器与大国利器:"中国制造2025"下高技能人才培养》,中国教育在线,2016年8月29日,见 http://www.eol.cn/guangdong/guangdongnews/201608/t20160829_1443807.shtml。

③ 《工业4.0中的人与机器》,波士顿咨询集团,2015年9月,见 https://www.bcgperspectives.com/content/articles/technology-businesstransformation-engineered-products-infrastructure-man-machine-industry-4/。

产品。例如,20 世纪 80 年代,日本在新的制造技术基础上创建了与之匹配的新的生产管理方法,形成了柔性制造和精益制造模式,在汽车、电子等制造领域实现了对美国与欧洲制造业的赶超,日本并不是以更加低廉的价格获胜,而是通过精益制造提供了价格合理且质量更佳的产品。可见,新技术与新的制造范式的出现是对企业管理模式的一次全面优化,管理模式不仅要与新技术范式匹配,还要符合本国的要素比较优势。比如,近年来中国的适龄劳动力(年龄在 15 岁至 59 岁之间的群体)逐年萎缩,据国家统计局数据显示,从 2013—2014 年,劳动年龄人口缩减了 370 万,而从 2014—2015 年,又减少了 490 万,这说明未来劳动密集型制造业在中国将越来越不具有要素比较优势,制造业的优化提升将更依赖投入要素的质量和性质,更注重工艺创新和质量提升的企业管理模式将是未来企业管理升级的方向,在这种新的制造系统中,如何形成与之相适应的新的生产要素和管理模式,恰恰是中国这样的发展中国家的制造业遇到的最大挑战。

3. 新技术革命可能改变"微笑曲线"的形状并对中国制造业升级形成抑制

由于制造领域技术创新的不断涌现,制造环节的价值创造能力大幅提升,在产业价值链上的地位将变得与研发和营销同等甚至更加重要,原来揭示产业价值链各环节价值创造能力差异的"微笑曲线"的 U 形有可能变平坦甚至倒 U 形。2004 年,日本人中村末广就提出了和"微笑曲线"形状相反的"武藏曲线",他甚至认为真正最丰厚的利润源自"制造环节",生产制造环节蕴藏着巨大的价值。一旦这个论断成立,中国多年来形成的产业赶超模式将受到抑制,发达工业国家不仅可以通过发展工业机器人、高端数控机床、柔性制造系统等现代装备制造业控制新的制造业的制高点,还可以通过现代制造技术和制造系统提高传统产业的生产效率,通过装备新兴产业来强化新兴技术的工程化和产业化能力,生产制造环节将不再是被外包的对象,而是研发创新和工艺创新不可或缺的组成部分,曾经为寻找更低生产成本而从发达国家转移出去的生产活动有可能向发达国家回流,使制造业重心再次转向发达国家。波士顿咨询集团(BCG)的一系列研究报告认为制造业回流是一个很重要的趋势,其在 2012 年 4 月开展的一项网上调查中发现,销售额超过 10 亿美元的制造商中有 37%计划或正在积极考虑把生产线从中国迁回美国。近年来,以福特、通用电气公司为代表的美国制造企业已经明显加大了在本土的投资规模。新一轮技术革命与产业变革有利于发达工业国家重塑制造业和实体经济,使得传统"雁阵理论"所揭示的后发国家产业赶超路径极有可能被封堵。

第二节　中国制造业转型升级的动力与路径

新工业革命来临之际,制造业将面临全新的时代特征,全球化竞争愈加激烈,人类环保意识增强,有限的资源导致要素价格持续上涨,科学技术迅猛发展,信息技术与制造技术融合趋势明显,海量信息分布致使大数据成为重要资源,用户需求升级且个性化特征明显,产品的复杂程度与知识含量显著增加,知识产权和质量技术标准更加重要,全新的时代背景和中国制造业不同于他国的内部基础以及本土需求特征,决定了其转型升级也具有独特的动力机制和实施路径。已经出台的"中国制造 2025"以信息化与工业化深度融合为主线,融数字制造、网络制造、智能制造、绿色制造、个性化制造于一体,推动以新兴技术为主的要素配置方式发生革命性变化,进而实现制造业转型升级。

一、中国制造业转型升级的动力

(一)创新驱动

长期以来,中国制造业走的是资源要素驱动、技术引进消化再吸收的升级之路,制造业创新能力不强、关键核心技术受制于人、产业共性技术供给不足、创新成果产业化滞后等问题突出,创新驱动是推动中国制造业从全球价值链的低端走向高端,从资源依赖型、环境破坏型、劳动力与资本密集型的传统制造业发展模式转变为资源节约型、环境友好型、创新驱动型的可持续发展模式的核心。创新驱动制造业转型升级指的是通过原始创新、引进消化吸收再创新、集成创新、协同创新四种自主创新模式,突破一批关键共性技术,并不断把基础性、战略性、颠覆性技术应用到生产制造系统,形成新产品、新服务、新业态、新模式的过程,而整个驱动过程体现了两个层面的机制:技术突破层面和技术应用层面。

1. 技术突破促进转型升级的机制

技术突破指通过原始创新、引进消化吸收再创新、集成创新、协同创新,突破一批关键共性技术,这些主要集中于产业链上游的研发设计环节;党的十八大报告指出,"要坚持走中国特色自主创新道路,实施创新驱动战略,……,提高原始创新、集成创新和引进消化吸收再创新能力,更加注重协同创新",原始创新、集成创新、引进消化吸收再创新是新技术、新方法的主要来源,协同创新是创新的重要组织方式。具体而言:原始创新是指基础科学与前沿科学领域的创新;集成创新是指把现存的单项技术进行系统集成,创造出全新产品和工艺的过程;引进消化吸收再创新是指从外部引进技术,在消化吸收的基础上根据本土需求再次改进创新;协同创新是指创新主体和创新要素充分协作,充分发挥创新主体和创新要素各自的作用以实现创新。技术突破的核心是通过这四种创新方式进行自主创新,创新可能由企业、高校、科研机构独立完成,也可能由政府、企业、高校等研究机构以及社会中介组织协作完成,自主创新旨在重点领域突破一批共性关键技术,例如电子行业的CPU、IT行业的代码开发能力、汽车行业的发动机、销售行业的物流调配能力以及市场开拓能力都是中国制造业亟待突破的共性关键技术的典型。世界著名的跨国公司,如IT行业的微软、谷歌,电子行业的苹果、三星,汽车行业的大众、通用、丰田等,零售行业的沃尔玛、家乐福都是因为掌握了关键共性技术才得以保持长久的竞争优势;而世界制造强国之所以能持续不断引领升级方向,在特定的产业独占鳌头,也是因为通过自主创新与研发,掌握了本行业共性关键核心技术,具有不断开发新技术、新产品、新工艺的能力,反观中国制造业,由于不掌握核心技术,只能被动融入国际产业链,通过低价优势谋取竞争力。

2. 技术应用促进转型升级的机制

技术应用指通过应用基础性、战略性、前沿性及颠覆性技术研发成果,形成新产品、新服务、新业态、新模式的过程,主要体现在产业链中下游环节的生产制造与品牌营销环节,关键共性核心技术突破后,形成基础性、前沿性、战略性和颠覆性技术成果,需要将这些技术成果进一步产业化,即用于产品的设计、制造、销售等后续环节,将无形的技术成果通过生产制造过程,形成有形的新产品、新服务、新业态、新模式等。至此,自主创新真正实现了驱动产业转型升级的作用,在此过程中,企业发挥了创新应用的主体作用,正是在企业的参与下,技术创新和产业转化能够实现对接,在企业的主体作用未得到充分发挥的情况下,技术创新成果的转化就存在诸如研发与应用"两张皮"的现象,不利于整个转型升级流程的实现。技术突破后的成果运用是制造业转型升级的关键所在,以中国专利申请状况为例,据曼海姆欧洲经济研究中心在2016年发布的一份报告显示,中国的专利数量虽然排名世界前列,在质量上却无法跟上美、德、日等科技大国的水平,在2001—2009年,中国专利申请质量仅达到中国以外国家平均水平的32.1%,另据《2014年度中国有效专利年度报告》显示,从2012年到2014年,全国共授予国内专利278万余件,签订专利许可合同只有5.6万件,仅占授权专利比例的2%,该数据反映了中国绝大多数的专利并没有真正进入产业体系得到有效的运用。

(二)"互联网+"

近年来,以移动互联网、云计算、物联网、大数据等为代表的新一轮信息技术变革,正不断改变着工业化发展信息通信技术与各产业领域的技术融合创新,正在以前所未有的广度和深度推动生产方式和发展模式的变化。党的十八大提出"两化深度融合是我国走新型工业化道路的重要途径和必然选择","中国制造2025"又进一步提出,"新一代信息技术与制造业深度融合,正在引发影响深远的产业变革,形成新的生产方式、产业形态、商业模式和经济增长点"。可以认为,"两化深度融合"是推动产业链由低端向高端转型、产业结构从制造产品向提供服务转型、生产方式由粗放向集约转型、管理模式从传统向现代转型的主线。而"互联网+"是"两化深度融合"的重要抓手,中国既是制造大国也是互联网大国,具有制造业与互联网融合发展的先天优势,通过互联网推动制造业转型升级的空间广阔、潜力巨大。"互联网+"是一种新的经济形态,即通过充分发挥互联网在生产要素配置中的优化和集成作用,将互联网的创新成果与经济社会各领域深度融合,推动技术进步、效率提升和组织变革,提升实体经济的创新力和生产力,形成更广泛的以互联网为基础设施和创新要素的经济社会发展新形态。① 可见，"互联网+"对制造业升级的推动作用也是综合性的，多是以基础设施和创新要素的形式渗透到不止一个行业，而是所有传统制造行业，也不只是某个环节，而是采购、研发、设计、制造、销售、客服等产业链各个环节，从而衍生多种新技术、新产品、新模式、新业态。

1. 新技术

互联网技术被认为是一种通用技术，如同第一次工业革命时期蒸汽动力与第二次工业革命时期的电力，其对经济的影响是广泛而深远的，引发经济系统各个领域的范式转变，包括整个制造业系统的范式变革，不仅驱动制造业领域新技术、新产品、新业态和新模式等快速涌现，而且对传统产业的改造升级也有巨大的推动作用。"互联网+"自身形态的演进中经历了从 PC 互联网到移动互联网再发展至当前的物联网（或工业互联网）三个阶段，演进过程也是新技术被不断催生的过程，随着联网设备从十亿级别发展到千亿级别，"互联网+"具有"连接一切"的特点，通过电子邮件、即时通信、社交网络等技术手段实现人与人的连接，通过互联网、传感器和系统软件实现人、设备、生产线、自然资源等经济与社会的万物连接，它们在交互中产生大量的数据信息，这些数据信息在流动分享中产生了价值，价值随着流动范围扩大和分享的人群增多而增大，这催生了云计算、大数据等新技术的兴起，新技术在信息处理技术和处理能力方面的提升，使信息能够低成本地进行深度挖掘，从而释放出巨大的价值。如今的"互联网+"正逐渐向无所不在的计算、数据、存储以及网络等领域演进，更广泛、更深入地融入各行各业，其与制造业领域融合后，就催生了诸如德国"工业 4.0"与美国工

---

① 《国务院关于积极推进"互联网+"行动的指导意见》，新华网，2015 年 7 月 4 日，见 http://news.xinhuanet.com/politics/2015-07-04/c_1115815944.htm。

业互联网等新的制造与服务范式。

2. 新产品

"互联网+"与制造融合后,为新产品研发开启新的"设计空间",引领制造业产品的智能化和网络化潮流,提升了制造业的价值创造能力。近年来,"硬件+软件+网络互联"的模式正成为制造业产品的标配,数字化、网络化、智能化趋势非常明显。比如,消费领域的智能手机、智能家电、智能家居、可穿戴设备等,工业领域的智能机器人、智能专用设备、新型传感器、视觉识别装置等组件,智能化与网络互联功能不断增强。此外,智能产品能够通过网络与厂商、第三方服务提供商或上层智能控制平台实时通信,拓展产品功能和延伸服务需求,产品智能化推动了服务智能化。智能制造促进虚拟世界和现实世界的融合,促进生产者和消费者的协同,如果说数字化产生了数据、网络化催生了大数据,那么智能化则将"大数据资源"转化成"大数据资产",工业互联网通过收集、挖掘大数据的价值,使工厂升级成为自动感知、自适应、自调整的智能生产场所,未来会有更多诸如电脑、手机之后的新一代智能终端诞生。

3. 新模式

"互联网+"在制造业领域催生了新模式,主要表现为对制造业生产模式产生了颠覆式的影响。首先,"互联网+"催生了众包、众创等社会化生产模式:互联网与新一代信息技术的发展使生产者与消费者的界限日趋模糊,消费者可以积极参与企业的生产活动,由消费者变为产消者,其不仅可以通过填写用户调查问卷来影响企业生产,还可直接通过网络众包、众创等更社会化的方式参与产品开发的全过程。诸如移动互联网、3D打印等现代信息技术与设计软件,使普通消费者获得了强大的在线研发设计和生产制造工具,比如,消费者可以通过网络参与在线设计,融入个性化需求以实现与企业的网络协同研发,也可选择利用 3D 打印等功能强大的数字桌面制造工具,自行设计新产品并制作模型样品,将设计传给商业制造服务商,并可以自由决定生产制造所设计的产品的规模;分散的消费者甚至可以通过自组织方式,在网络空间合作生产复杂产品和系统产品,在虚拟的创客空间分享设计成果,这无形中催生了众多潜在创业者和发明家,由此引发了"创客运动"。中国的小米手机、维基百科和 Linux 操作系统等都是社会化生产模式的成果。

其次,"互联网+"推动了生产过程智能化:制造企业内部制造流程整合到一个数字化、网络化和智能化的平台,生产过程中的各种机器设备和数据信息互联互通,为决策优化提供支持,极大地提升了生产效率,进一步提高了制造系统的柔性,使得大规模定制成为可能,消费者的个性化需求可以得到充分满足,大大缩短了产品的研发与出厂周期。无论是德国的"工业4.0"还是美国的工业互联网,都是在制造系统嵌入物理信息系统,以实现人、机器设备、产品之间的互联互通,从零部件入厂到生产制造到销售再到出厂物流和服务,整个过程都实现数字化和端到端的集成,基于智能生产建立的智能工厂,既可以根据市场需求灵活安排,实现高度的柔性化,又可以及时响应客户需求,实现大规模定制甚至个性化定制。

4. 新业态

在互联网技术推动下,制造业新业态不断出现,尤以产业的跨界融合和制造业服务化最为突出。互联网为产业跨界融合提供了无限可能,例如,互联网与工业融合产生工业互联网,互联网与汽车产业融合产生车联网和无人驾驶汽车,互联网与家具产业结合产生智能家居,互联网与城市发展融合产生智慧城市等;"互联网+"为制造业与服务业的高度融合或制造业服务化提供了便利支撑。随着制造产品技术更新加快,产品结构更加复杂,零部件更多,安装更加精密,对产品的设计、生产、销售、安装、培训、维护、回收各个环节的服务提出了更高的要求,伴随着消费升级,市场对专业化服务的需求比对单独产品的需求更加强烈,推动生产性制造向服务型制造转变,制造业服务化趋势非常明显,而互联网与信息技术使企业提供更低成本且多元便捷的服务成为可能。例如,美国通用电气是飞机发动机的主要供应商,其早期提供服务的方式多是被动式维修,或者依据飞机零部件损耗的经验对机器进行定期维护,但移动互联网和大数据分析技术改变了通用的服务模式,公司利用软件实时监测发动机运行数据,通过挖掘分析评估其运行结果,以此为客户提供针对性的服务。这说明,生产制造过程高度数字化,产品数据全生命周期集成使得大数据应用到服务价值链环节成为可能,而企业通过互联网及时获取消费者需求数据,从而推动制造企业向"私人定制""按需定制"和"网络定制"等服务化模式转型。

(三)质量支撑

质量问题是中国制造大而不强的关键原因之一,2015 年 5 月国务院颁布的《中国制造 2025》突出了"质量为先",并将其作为建设制造强国的五大基本方针之一。如果说自主创新是中国制造业转型升级的原动力、互联网信息技术是引领中国制造业转型升级方向的牵引力的话,那么质量提升则是中国制造业转型升级的基础支撑力,也就是说,推进中国制造业转型升级既需要搞好底层基础研究,突破共性关键技术,也需要研判新工业革命的大趋势,把握转型升级的主攻方向,还需要运用标准、计量、检验检测、认证认可等技术手段保证基础研发转化为有形产品过程中的产品、工艺与设备的质量,这是技术成果最终能顺利实现工程化和产业化的关键。

具体来说,质量对制造业转型升级的基础支撑力主要体现在质量管理模式和质量技术基础两方面:首先,构建适应数字化、网络化、智能化的转型升级方向的质量管理模式。比如,通过标准创新来助推网络信息技术与制造业的融合升级,模块化标准就是在适应个性化定制、柔性化生产,以推动制造向更高质量、更高效益的方向升级的情况下出现的。以海尔为例,原来组装一个电冰箱要300多个零部件,模块化生产后只要30多个,既满足了个性化需求,又提高了效益。其次,适应数字化、网络化、智能化趋势的质量管理创新,推动了新技术条件下精益生产方式的实现。比如,基于CPS系统的综合集成,将质量控制融于设计、生产、组装的全流程,大幅提高了产品质量和企业生产效率,以泉州"数控一代"工厂为例,通过"机器换人",使企业产能提高17%,节省人力66%,一次性产品质量合格率提升12%。[1] 可见,在新一轮科技革命和产业变革中,通过"互联网+质量"推动质量技术、管理、服务的整体升级,最终实现了质量对制造业转型升级的支撑力。最后,通过质量技术基础(NQI)的创新,推动制造业基础原材料、基础零配件和元器件、基础工艺的质量升级,从而提高关键基础材料的稳定性、基础零部件和元器件的性能一致性和重大设备的可靠性,真正推进中国制造业由速度向质量、由产品向品牌的转型升级。

(四)绿色制造

绿色制造是指在保证产品的质量、功能、成本不受影响的前提下,通过技术创新和系统优化,使产品在设计、制造、物流、使用、回收、拆解与再利用的全生命周期中,对环境影响最小、资源能源利用率最高、人体健康与社会危害最小、兼顾经济效益与社会效益的现代制造模式。

---

[1]　张纲:《中国制造的质量创新》,《上海质量》2016年第11期,第14—18页。

在《中国制造2025》中,绿色制造不但被列为九个战略任务和重点之一,同时也被列为具体实施的五大重点工程之一,绿色化也是中国制造业转型升级的重要方向之一。绿色制造促进制造业转型升级的动力来源于三方面:一是通过绿色科技创新,使传统制造领域摆脱粗放发展模式,加快向绿色制造转型,以绿色科技改造降低能耗和污染排放,推动制造业走绿色化发展道路,例如,通过加快新一代可循环流程工艺技术的研发,大力推广具备能源利用高效化、污染排放减量化、废弃物利用资源化和废物处理无害化等功能的工艺技术,用高效绿色生产工艺技术装备改造传统制造流程,实现对钢铁、有色、化工、建材等传统制造业绿色化改造。二是通过全生命周期技术创新打造绿色产业链,增强产品的绿色设计、绿色生产、绿色管理、绿色运行、绿色回收、绿色再生的水平,鼓励应用绿色能源、使用绿色包装、实施绿色营销、开展绿色贸易。三是通过政产学研用一体化打造全产业链协同创新模式,补齐绿色制造关键共性技术研发的"短板",以具有带动性、示范性的典型行业为抓手,以推动全产业链绿色解决方案为主线,重点突破绿色设计、绿色工艺、绿色回收与再造等领域的关键共性技术。

(五)人才为本

人才是具有一定的专业知识或专门技能,进行创造性劳动并对社会作出贡献的人,是人力资源中能力与素质较高的劳动者。《中国制造2025》明确提出,"要加快培育制造业发展急需的经营管理人才、专业技术人才、技能人才,建设一支素质优良、结构合理的制造业人才队伍,走人才引领的发展道路"。人才是推动中国制造业转型升级的最具能动性的力量,是其他动力因素发挥作用的核心所在,没有人才的支撑,制造业转型升级将成为空谈,从技术研发到形成产品并最终投入市场的全产业链各个环节都需要相应的人才保障,比如,产品创新需要发挥科学家与研发人员等少数技术精英人才的作用,以推动制造技术的研发与突破,而先进制造技术和设备的综合工艺水平的提高则需要更广大的技术、技能人才在工厂实践中持续改进,这就意味着,一国的生产制造能力不仅取决于先进的机器设备,更取决于生产装备操作者的技能知识和工厂的生产管理水平。20世纪80年代日本汽车、电子等诸多制造领域成功赶超了美国,其原因不是日本的技术设备更先进,而是因为日本企业最大限度地发挥了人的核心作用,通过持续不断地"干中学",形成了全面质量管理理念和能够发挥机器和工人最大潜能的生产管理操作流程。

人才对中国制造业转型升级的支撑作用主要体现在以下方面:通过培养具有创新思维和创新能力的拔尖人才和领军人才,提升制造业的创新能力;通过培养掌握共性技术和关键工艺的专业人才,强化工业基础能力;通过全面增强从业人员的信息技术应用能力,促进信息化与工业化深度融合;通过培养更多复合型人才进入新业态、新领域,助力发展服务型制造;通过普及绿色技能和绿色文化,发展绿色制造;通过提升全员质量意识和素养,打造"中国品牌"和"中国质量"。可以认为,推动中国制造转型升级的创新驱动、"互联网+"、质量支撑、绿色制造这四大动力集中体现了中国的制造能力,而人才不仅是这些动力真正发挥作用的积极推动者,也是不断创造新的动力推动制造能力升级的核心。

二、中国制造业转型升级的路径

(一)完善一个体系:制造业创新体系

中国现行的制造业创新体系已难以适应技术创新系统化、生态化的新要求,亟须在已有的创新载体的基础上,整合政产学研用各方创新资源,围绕产业链孕育创新链、配套政策链、完善资金链、培育人才链,分区域、分行业、分批次组织开展制造业创新中心建设试点,打造以制造业创新中心为核心节点的制造业创新体系,推动中国制造业向价值链中高端攀升,为制造业转型升级提供有力支撑。

一是建立政产学研协同创新机制:整合各类创新资源,依托现有或新组建的产业技术创新联盟,发挥行业骨干企业主导作用、中小企业协同配套作用、高校科研院所技术支撑作用、行业中介组织的保障服务作用,形成联合开发、优势互补、成果共享、风险共担的政产学研协同创新机制;坚持市场导向,充分发挥市场在资源配置中的决定性作用,由具有行业领先地位的企业、高校、科研院所等自愿组合、自主决策,实现可持续发展;根据各地产业发展状况、创新环境与资源的特点,依托"中国制造2025试点示范城市"、国家新型工业化产业示范基地、国家高新技术产业开发区等创新资源集聚区域开展试点工作,有序推进制造业创新中心建设,探索有效建设模式,实现差异化发展,切忌重复建设。

二是夯实制造业创新的基础能力,瞄准重大工程、重点装备急需的共性关键技术,支持优势企业开展产学研用联合攻关,突破重点领域发展的基础"瓶颈"问题,建立奖励和风险补偿机制,完善首台(套)首批次政策,支持核心基础零部件或元器件、先进的基础工艺、关键基础材料的首批次应用,强化平台的支撑作用,组建一批"四基"研发中心,完善重点产业技术基础体系。

三是加强关键核心技术攻关:发挥集中力量办大事的优势,继续实施"核高基""两机"等国家科技重大专项,实施重点新材料研发应用重大工程建设,加快论证智能制造和工业机器人等重大工程,加快车联网推广应用。

四是优化制造业创新发展环境:加强知识产权保护的运用,强化标准引领的保障作用,通过加强关键核心技术和基础共性技术知识产权储备,组建重点领域标准推进联盟,研制对提升产业竞争力具有重要影响的关键技术标准。

五是增强创新中心的服务功能:建立众创空间、新型孵化器等各种形式的平台载体,集聚培养高水平领军人才与创新团队,积极服务大众创业、万众创新,着力打造多层次人才队伍、鼓励开展国际合作,促进创新中心对制造业服务能力的增强和国际影响力的提升。

(二)培育两种精神:企业家精神、工匠精神

在引领中国制造业转型升级的各类人才中,企业家和工匠这两类人才起着至关重要的作用,改革开放初期的企业家只要突破计划经济时代遗留的制度壁垒,就能获得较多的经营收益,这一时期成长起来的企业家被称为"制度型企业家"[①]或者"套利型企业家"[②],而随着市场经济的不断完善,这种制度套利的空间越来越小,企业家更多需要创新要素资源配置和创新市场来获取收益,因此需要制度型企业家向创新型企业家转变。同理,改革开放以来中国制造业升级走的是承接国外的制造能力、市场开拓、改进型创新、自主创新的道路,这一路径培育的工匠多能"组装和搭配"标准化的模块化架构产品,却很难造出需要技术诀窍的一体化架构产品,随着产品与工艺升级的要求的知识、技能含量越来越高,需要大规模标准化生产体系下成长起来的"加工组装型工匠"向个性化定制柔性生产系统下的知识技能型的"能工巧匠"转变,"创新型企业家"和"能工巧匠"的培养需要发扬新时期的企业精

---

① 程虹、宋菲菲:《新常态下企业经营绩效的下降:基于企业家精神的解释》,《武汉大学学报》(哲学社会科学版)2016年第1期,第60—72页。

② 张维迎:《"企业家4.0"要从套利转向创新》,《商周刊》2016年第6期,第44—45页。

神和工匠精神。

1. 培育企业家精神

首先，加快打造新型政商关系，使企业家回归初心，只有将企业家群体的时间和精力配置到技术创新、资源配置和人力资本激励等生产性的创新和创业活动上，而不是经营与政府的关系上，企业家才能真正以消费者需求为导向进行创新和提供产品与服务，才能更好地创造有效供给、开拓消费市场。这就需要重新校正政府与企业的关系。2016年的"两会"上，习近平总书记提出用"亲"与"清"打造新型政商关系，关键在于坚定不移地推进市场化改革，简政放权打破行政垄断，努力营造公平竞争的市场环境，构建优胜劣汰的市场竞争机制和企业的正常退出机制，特别是运用技术、安全、环保、能耗等标准，加大政府引导和财税金融政策支持，加快淘汰落后产能和"僵尸企业"退出，促进生产要素向具有企业家精神、具有较高技术创新能力和生产效率的企业配置，让企业靠过硬的产品质量和商业模式而不是"关系"参与竞争，唯有如此，企业家才会有以市场为导向进行创新的内生动力。

其次，强化知识产权保护，严厉打击假冒伪劣，防止出现"劣币驱逐良币"的逆淘汰现象，形成强有力的知识产权保护是实现创新者赚钱效应，是培育创新型企业家最有力的制度工具。知识产权是通过界定对创新的产权、形成创新收益预期来激励创新者开展研发投入、工程化、商业化等一系列的创新努力，也是有效选择创新者、构建分工合作的创新生态系统的最重要的制度条件。考虑到中国仍有相当数量的制造企业严重依赖技术模仿来维持生存的情况，因此需要稳步推进知识产权保护，尽可能减少新的竞争范式带来的经济冲击。

最后，着力培育具有国际视野的企业家，采取理论培训和实践锻炼相结合的方式，加大力度培育一批全球知名企业家，选送重点领域企优秀管理人才到国外知名企业、大学研修,支持开展现代企业经营管理制度、品牌战略、精准营销和服务、跨国并购和投融资、创新能力建设、知识产权保护以及国际贸易等方面的出国培训。鼓励综合素质好、决策能力强、经营业绩突出、发展潜力大的优秀后备人才到市场开拓前沿、经营困难企业、重大工程实施、重大改革推进的关键岗位上担当重任。

2. 发扬工匠精神

首先,要进行一系列顶层设计,建设工匠精神养成的制度体系。

一是尽快完善中国的职业教育制度,提高职业教育在整个教育系统中的地位。培育工匠精神关键在人才,德国的职业教育模式尤其值得中国学习,德国约70%的青少年在中学毕业后会接受双元制职业教育,其中制造业培训在所在行业的培训中占比最大,约占35%。职业学校的教育费用由国家承担,企业实践培训费用由企业承担,目前德国的职业培训行业类别多达350种,中国应该学习德国的双元制职业教育,以改革的思路办好职业教育,发挥政府引导、规范与督导作用,吸引更多社会资源向职业教育集中,加快发展和技术进步与社会需求相适应的、产教深度融合的现代职业教育。2014年以来,教育部开始在全国推行现代学徒制试点,人力资源和社会保障部、财政部也相继部署开展企业新型学徒制试点工作,传统学徒培训与现代学校教育相结合,企业与学校协调合作,以培养更多的技能型人才,无疑是适应现代企业发展和制造业转型升级要求的创新举措。

二是构建有利于工匠精神形成的质量标准体系,严格监管市场运行秩序。产品和服务标准是对消费者的"硬承诺",既需要企业持续完善质量管理体系,坚持严字当头,也需要全社会努力构建质量共治机制,完善国家标准体系,加快相关法律法规建设。激励制造企业推行质量培训,全面提高管理人员与一线职工的质量意识与质量管理水平;引导和鼓励大中型企业实施首席质量官制度,在中小学开展质量意识普及教育,在高等学校、职业学校加强质量相关学科专业建设,在相关专业教学中增加国家质量技术基础和质量管理知识教育内容,组织制定企业全员质量素质教育和评价标准,开展全国"质量月"等活动,加强消费者质量知识宣传和教育,改变消费者与企业的质量信息不对称现象。

三是形成有效的激励机制,使工匠群体真正感受到"才有所值,能有所得"。中国对工匠人才的激励更多体现在精神奖励和荣誉授予上,但在实践中,有些企业把技术工人的劳动等同于简单劳动或低级劳动,即便是高级技工,在工资、福利、住房等物质待遇上,也远远不及管理人员,这在某种程度上造成工匠人才的流失,因此,要真正稳定技能人才队伍,不仅要形成工匠职级晋升、荣誉授予以及国际交流的长效机制,还要在收入分配、福利待遇上向工匠倾斜,以此调动工匠"在车间完成创新"的积极性。

其次,要在社会上牢固树立工匠精神孕育的文化价值体系。

一是建立合理的人才评价机制,提高工匠群体的社会地位。"工匠精神"的孕育和传承来自文化传统和价值观念,如果整个社会的价值取向仍是"学而优则仕",用人单位对人才的嘉奖仍是官职晋升,那么工匠职业绝不是人们的首选;如果浮躁、速度第一、急功近利是社会评价的普遍心理,则耐心、质量第一、精耕细作就得不到应有的弘扬。工匠精神的价值观念映射的是更深层次的文化传统,改变将是个漫长的过程,需要在长期的激励机制中逐渐实现。只有改变了政府、社会、企业对人才的评价机制,形成尊重工匠的社会氛围和制度环境,提高了工匠的社会地位、经济地位,中国的家庭才会像德国的家庭一样,把劳动光荣的理念传递给子女,支持子女就读职业学校、选择工匠职业,而不是千军万马去挤高考的独木桥。

二是建设孕育工匠精神的管理文化,在企业管理中培育严谨认真的工匠习性。张瑞敏曾对中国人的做事习性作过准确概括:"中国人做事不认真,不到位,每天工作欠缺一点,天长日久就成为落后的顽症。"①海尔以"砸冰箱"文化仪式为序幕、以 OEC 制度为落实手段,经过几十年的努力,终于培育出了严谨认真的工匠精神,建立了认真文化,并创造出中国走向世界的名牌。精益求精、消费者至上的工匠精神,是企业永续发展的一个最为核心的要诀,只有精益求精才能把商品和服务做到极致,才能最大限度地体现企业的价值。

三是引导消费者追求"精""美""品""上"的消费文化,倒逼企业形成工匠精神。没有消费者在消费中对普遍精致的追求和向往,就很难有各行各业的工匠对精益求精的坚守。2016 年的相关数据显示,在我国的需求结构中,消费的贡献率已经达到 73.4%,这意味着我国消费者的需求正经历从无到有、从有到好、从好到精的转型升级,消费者对商品或服务的"挑剔"行为,恰恰可以倒逼企业改进产品与服务品质,自发形成消费者至上、精益求精的工匠精神。

(三)发展三大模式:智能制造、服务型制造、绿色制造

1.智能制造

首先,要推动智能制造发展战略:深入落实智能制造发展规划,加快制定智能制造技术标准,建立完善智能制造和两化融合管理标准体系;建立智能制造产业联盟,协同推动智能装备和产品研发、系统集成创新与产业化;促进工业互联网、云计算、大数据在企业研发设计、生产制造、经营管理、销售服务等全流程和全产业链的集成应用;加强智能

---

① 张瑞敏:《靠持续创新保持共产党员的先进性》,《前线》2005 年第 20 期,第 48——49 页。

制造工业控制系统网络安全保障能力建设,健全综合保障体系。

其次,要加快发展智能制造装备和产品:组织研发具有深度感知、智慧决策、自动执行功能的高档数控机床、工业机器人、增材制造装备等智能制造装备以及智能化生产线,突破新型传感器、智能测量仪表、工业控制系统、伺服电机及驱动器和减速器等智能核心装置,推进工程化和产业化;加快机械、航空、船舶、汽车、轻工、纺织、食品、电子等行业生产设备的智能化改造,提高精准制造、敏捷制造能力;统筹布局和推动智能交通工具、智能工程机械、服务机器人、智能家电、智能照明电器、可穿戴设备等产品研发和产业化。

最后,要推进制造过程智能化:在重点领域试点建设智能工厂或数字化车间,加快人机智能交互、工业机器人、智能物流管理、增材制造等技术和装备在生产过程中的应用,促进制造工艺的仿真优化、数字化控制、状态信息实时监测和自适应控制;加快产品全生命周期管理、客户关系管理、供应链管理系统的推广应用,促进集团管控、设计与制造、产供销一体、业务和财务衔接等关键环节集成,实现智能管控;加快民用爆炸物品、危险化学品、食品、印染、稀土、农药等重点行业智能检测监管体系建设,提高智能化水平。

2. 服务型制造

首先,要制定促进服务型制造发展的指导意见,实施服务型制造行动计划:开展试点示范,引导和支持制造业企业延伸服务链条,从主要提供产品制造向提供产品和服务转变;鼓励制造业企业增加服务环节投入,发展个性化定制服务、全生命周期管理、网络精准营销和在线支持服务;支持有条件的企业由提供设备向提供系统集成总承包服务转变,由提供产品向提供整体解决方案转变;鼓励优势制造业企业"裂变"专业优势,通过业务流程再造,面向行业提供社会化、专业化服务;

支持符合条件的制造业企业建立企业财务公司、金融租赁公司等金融机构,推广大型制造设备、生产线等融资租赁服务。

其次,要加快生产性服务业发展:大力发展面向制造业的信息技术服务,提高重点行业信息应用系统的方案设计、开发、综合集成能力;鼓励互联网等企业发展移动电子商务、在线定制、线上到线下等创新模式,积极发展对产品、市场的动态监控和预测预警等业务,实现与制造业企业的无缝对接,创新业务协作流程和价值创造模式;加快发展研发设计、技术转移、创业孵化、知识产权、科技咨询等科技服务业,发展壮大第三方物流、节能环保、检验检测认证、电子商务、服务外包、融资租赁、人力资源服务、售后服务、品牌建设等生产性服务业,提高对制造业转型升级的支撑能力。

最后,强化服务功能区和公共服务平台建设:建设和提升生产性服务业功能区,重点发展研发设计、信息、物流、商务、金融等现代服务业,增强辐射能力;依托制造业集聚区,建设一批生产性服务业公共服务平台;鼓励东部地区企业加快制造业服务化转型,建立生产服务基地;支持中西部地区发展具有特色和竞争力的生产性服务业,加快产业转移承接地服务配套设施和能力建设,实现制造业和服务业协同发展。

3. 绿色制造

加快制造业绿色改造升级:全面推进钢铁、有色、化工、建材、轻工、印染等传统制造业绿色改造,大力研发推广余热余压回收、水循环利用、重金属污染减量化、有毒有害原料替代、废渣资源化、脱硫脱硝除尘等绿色工艺技术装备,加快应用清洁高效铸造、锻压、焊接、表面处理、切削等加工工艺,实现绿色生产;加强绿色产品研发应用,推广轻量化、低功耗、易回收等技术工艺,持续提升电机、锅炉、内燃机及电器等终端用能产品能效水平,加快淘汰落后机电产品和技术;积极引领新兴产业高起点绿色发展,大幅降低电子信息产品生产、使用能耗及限用物质含量,建设绿色数据中心和绿色基站,大力促进新材料、新能源、高端装备、生物产业绿色低碳发展。

推进资源高效循环利用:支持企业强化技术创新和管理,增强绿色精益制造能力,大幅降低能耗、物耗和水耗水平;持续提高绿色低碳能源使用比率,开展工业园区和企业分布式绿色智能微电网建设,控制和削减化石能源消费量;全面推行循环生产方式,促进企业、园区、行业间链接共生、原料互供、资源共享。推进资源再生利用产业规范化、规模化发展,强化技术装备支撑,提高大宗工业固体废弃物、废旧金属、废弃电器电子产品等综合利用水平;大力发展再制造产业,实施高端再制造、智能再制造、在役再制造,推进产品认定,促进再制造产业持续健康发展。

积极构建绿色制造体系:支持企业开发绿色产品,推行生态设计,显著提升产品节能环保低碳水平,引导绿色生产和绿色消费;建设绿色工厂,实现厂房集约化、原料无害化、生产洁净化、废物资源化、能源低碳化。发展绿色园区,推进工业园区产业耦合,实现近零排放。打造绿色供应链,加快建立以资源节约、环境友好为导向的采购、生产、营销、回收及物流体系,落实生产者责任延伸制度;壮大绿色企业,支持企业实施绿色战略、绿色标准、绿色管理和绿色生产;强化绿色监管,健全节能环保法规、标准体系,加强节能环保监察,推行企业社会责任报告制度,开展绿色评价。

(四)夯实四个基础(四基)①

统筹推进"四基"发展:统筹军民两方面资源,开展军民两用技术

---

① 核心基础零部件(元器件)、先进基础工艺、关键基础材料和产业技术基础简称"四基"。

联合攻关,支持军民技术相互有效利用,促进基础领域融合发展;强化基础领域标准、计量体系建设,加快实施对标达标,提升基础产品的质量、可靠性和寿命;加强"四基"创新能力建设,强化前瞻性基础研究,着力解决影响核心基础零部件(元器件)产品性能和稳定性的关键共性技术,建立基础工艺创新体系,利用现有资源建立关键共性基础工艺研究机构,开展先进成型、加工等关键制造工艺联合攻关;支持企业开展工艺创新,培养工艺专业人才;加大基础专用材料研发力度,提高专用材料自给保障能力和制备技术水平;建立国家工业基础数据库,加强企业试验检测数据和计量数据的采集、管理、应用和积累;加大对"四基"领域技术研发的支持力度,引导产业投资基金和创业投资基金投向"四基"领域重点项目。

推动整机企业和"四基"企业协同发展:注重需求侧激励,产用结合,协同攻关。依托国家科技计划和相关工程,在数控机床、轨道交通装备、航空航天、发电设备等重点领域,引导整机企业和"四基"企业、高校、科研院所产需对接,建立产业联盟,形成协同创新、产用结合、以市场促基础产业发展的新模式,提升重大装备自主可控水平。开展工业强基示范应用,完善首台(套)、首批次政策,支持核心基础零部件、先进基础工艺、关键基础材料推广应用。

(五)推进五大工程

1.制造业创新中心建设工程

围绕重点行业转型升级和新一代信息技术、智能制造、增材制造、新材料、生物医药等领域创新发展的重大共性需求,形成一批制造业创新中心,重点开展行业基础和共性关键技术研发、成果产业化、人才培训等工作;借鉴美国制造业创新中心的经验做法,制定完善制造业创新中心遴选、考核、管理的标准和程序;到2020年,重点形成15家左右制造业创新中心,力争到2025年形成40家左右制造业创新中心。

2. 智能制造工程

紧密围绕重点制造领域关键环节,开展新一代信息技术与制造装备融合的集成创新和工程应用。支持政产学研用联合攻关,开发智能产品和自主可控的智能装置并实现产业化;依托优势企业,瞄准关键工序智能化、关键岗位机器人替代、生产过程智能优化控制、供应链优化,建设重点领域智能工厂或数字化车间;在基础条件好、需求迫切的重点地区、行业和企业中,分类实施流程制造、离散制造、智能装备和产品、新业态新模式、智能化管理、智能化服务等试点示范及应用推广;建立智能制造标准体系和信息安全保障系统,搭建智能制造网络系统平台。到2020年,制造业重点领域智能化水平显著提升,试点示范项目运营成本降低30%,产品生产周期缩短30%,不良品率降低30%。到2025年,制造业重点领域全面实现智能化,试点示范项目运营成本降低50%,产品生产周期缩短50%,不良品率降低50%。

3. 工业强基工程

开展示范应用,建立奖励和风险补偿机制,支持核心基础零部件、先进基础工艺、关键基础材料的首批次或跨领域应用;组织重点突破,针对重大工程和重点装备的关键技术和产品急需,支持优势企业开展政产学研用联合攻关,突破关键基础材料、核心基础零部件的工程化、产业化"瓶颈";强化平台支撑,布局和组建一批"四基"研究中心,创建一批公共服务平台,完善重点产业技术基础体系。到2020年,40%的核心基础零部件、关键基础材料实现自主保障,受制于人的局面逐步缓解,航天装备、通信装备、发电与输变电设备、工程机械、轨道交通装备、家用电器等产业急需的核心基础零部件(元器件)和关键基础材料的先进制造工艺得到推广应用;到2025年,70%的核心基础零部件、关键基础材料实现自主保障,80 种标志性先进工艺得到推广应用,部分达到国际领先水平,建成较为完善的产业技术基础服务体系,逐步形成整机牵引和基础支撑协调互动的产业创新发展格局。

4. 绿色制造工程

组织实施传统制造业能效提升、清洁生产、节水治污、循环利用等专项技术改造;开展重大节能环保、资源综合利用、再制造、低碳技术产业化示范;实施重点区域、流域、行业清洁生产水平提升计划,扎实推进大气、水、土壤污染源头防治专项;制定绿色产品、绿色工厂、绿色园区、绿色企业标准体系,开展绿色评价;到 2020 年,建成千家绿色示范工厂和百家绿色示范园区,部分重化工行业能源资源消耗出现拐点,重点行业主要污染物排放强度下降 20%;到 2025 年,制造业绿色发展和主要产品单耗达到世界先进水平,绿色制造体系基本建立。

5. 高端装备创新工程

组织实施大型飞机、航空发动机及燃气轮机、民用航天、智能绿色列车、节能与新能源汽车、海洋工程装备及高技术船舶、智能电网成套装备、高档数控机床、核电装备、高端诊疗设备等一批创新和产业化专项、重大工程;开发一批标志性、带动性强的重点产品和重大装备,提升自主设计水平和系统集成能力,突破共性关键技术与工程化、产业化"瓶颈",组织开展应用试点和示范,提高创新发展能力和国际竞争力,抢占竞争制高点。

第五章　中国制造业转型升级的政策支撑体系

制造业转型升级是一项系统工程,既包括传统产业的新型化改造,也包括新兴产业体系的构建;既涉及淘汰落后产能、提升产品质量、强化工业基础等关乎制造业转型的现实问题,又涉及智能化、服务化、绿色化等关乎制造业升级的未来方向。虽然以《中国制造2025》为引领的制造业转型升级的顶层设计已基本完成,与之配套的相关政策规划体系也相继发布,中国制造业转型升级的政策支撑体系基本成型,并已取得了初步成效,但现行政策支撑体系在整合衔接与总体部署、构建制造业发展环境、完善中小企业公共服务体系以及与区域和国家发展大战略相互支撑方面的作用还有待进一步加强,需要在此基础上构建更加完善的政策保障体系。

第一节　制造业转型升级现行支撑政策与规划体系

一、相关政策与规划梳理

中国现行的制造业转型升级的政策和规划体系主要是以《中国

制造 2025》为核心，以十一个相配套的实施指南、行动指南和发展规划指南为框架（十一个配套文件包括：国家制造业创新中心建设、工业强基、智能制造、绿色制造、高端装备创新五大工程实施指南，发展服务型制造和装备制造业质量品牌两个专项行动指南，以及新材料、信息产业、医药工业和制造业人才四个发展规划指南），以重点领域技术路线图和工业"四基"发展目录等绿皮书为补充，以各地落实文件为支撑，横向联动、纵向贯通、多方协同的政策规划体系（见表 5-1）。

表 5-1　2015—2017 年中国制造业转型升级的政策规划体系

时　　间	政策文件	发文机关
2015 年	《中国制造 2025》	国务院
	《国务院关于积极推进"互联网+"行动的指导意见》	
	《〈中国制造 2025〉重点领域技术路线图（2015 版）》	国家制造强国建设战略咨询委员会
2016 年	《关于深化制造业与互联网融合发展的指导意见》	国务院
	《"十三五"国家战略性新兴产业发展规划》	
	《制造业创新中心建设工程实施指南（2016—2020 年）》	工信部、国家发展改革委、科技部、财政部
	《工业强基工程实施指南（2016—2020 年）》	
	《智能制造工程实施指南（2016—2020 年）》	
	《绿色制造工程实施指南（2016—2020 年）》	
	《高端装备创新工程实施指南（2016—2020 年）》	
	《发展服务型制造专项行动指南》	工信部、国家发展改革委、中国工程院
	《促进装备制造业质量品牌提升专项行动指南》	工信部、质检总局、国防科工局
	《医药工业发展规划指南》	工信部
	《工业"四基"发展目录（2016 年版）》	国家制造强国建设战略咨询委员会

续表

时 间	政策文件	发文机关
2017 年	《新材料产业发展指南》	工信部、国家发展改革委、科技部、财政部
	《信息产业发展指南》	工信部、国家发展改革委
	《制造业人才发展规划指南》	教育部、人力资源和社会保障部、工信部
	《关于金融支持制造强国建设的指导意见》	中国人民银行、工信部、银监会、证监会、保监会

资料来源：笔者根据国务院和相关部委网站资料整理。

二、取得的成效

（一）五大工程和城市（群）试点示范开局良好

聚焦五大工程的试点示范以及《中国制造 2025》试点示范城市（群）有序推进（见表 5-2），各试点围绕构建产业升级、科技创新、政策保障、人才培养体系等问题进行积极探索，总结凝练新常态下制造业转型升级的新模式和新路径，力争形成可复制、可推广的经验。此外，一些重点标志性项目也取得了突破性进展，如成功研发国内首款柔性复合工业机器人，并已形成小批量供货能力，RV 减速器实现批量生产并获得国外订货，谐波减速器实现规模化生产。

表 5-2　有关制造业转型升级的试点示范

五大工程试点示范项目	《中国制造 2025》试点示范城市（群）
国家动力电池创新中心已挂牌成立 国家增材制造创新中心正在筹建 19 家省级制造业创新中心正在建设 开展 226 个智能制造综合标准化试验验证和 　新模式应用项目 遴选 109 个智能制造试点示范项目 建设 19 家产业技术基础公共服务平台 组织 99 家企业开展绿色设计试点示范 创建 51 家国家低碳工业园区 实施 57 项高风险污染物削减项目	已批复宁波、湖州、衡阳、泉州、沈阳、长春、武汉、吴忠、青岛、成都等 12 个试点示范城市和江苏苏南 5 市、广东珠江西岸、湖南长株潭、河南郑洛新 4 个试点示范城市群

资料来源：笔者根据国务院和相关部委网站资料整理。

（二）制造业和互联网融合效应明显

通过国务院印发的《关于积极推进"互联网+"指导意见》和《关于深化制造业与互联网融合发展的指导意见》等政策文件的引导和各方积极部署，互联网已广泛渗入研发设计等环节，关键产品和装备智能化步伐加快。2016 年，企业数字化研发工具普及率达 61.8%，关键工序数控化率达 33.3%；大企业"双创"平台也取得良好成效，47%的大企业搭建了协同创新平台，中央企业已搭建各类互联网"双创"平台 110 个；两化融合管理体系贯标继续推进，全国 4000 余家企业开展贯标，7.2 万余家企业开展自评估、自诊断和自对标，贯标企业运营成本平均下降 8.8%、经营利润平均增加 6.9%。①

（三）质量品牌建设取得初步成效

近两年来，国务院以及各部委发布了一系列提升消费品工业和装备制造业质量和品牌的政策文件，国务院办公厅发布了《开展消费品工业"三品"专项行动营造良好市场环境的若干意见》《消费品标准和

———————

① 《推进实施〈中国制造 2025〉情况发布》，工信部官网，2015 年 3 月 11 日，见 http://www.miit.gov.cn/n1146290/n4388791/c5530582/content.html。

质量提升规划（2016—2020 年）》，工业和信息化部、质检总局和国防科工局发布了《促进装备制造业质量品牌提升专项行动指南》《装备制造业标准化和质量提升规划》，质量品牌建设成效明显：2016 年，新核定23 家工业产品质量控制和技术评价实验室，完成 669 项强制性标准和计划的整合精简工作，发布 208 项消费品行业标准，支持 11 项由我国提出提案的国际标准项目，为消费品"提品质"奠定重要基础。在全行业累计树立 251 家品牌培育示范企业，首批参与产业集群区域品牌建设试点的 22 家产业集群市场占有率平均提高 2.3%，出口增速平均超过 10%，新产品产值率从 27% 提高到 34.1%。①

（四）各地制造业差异化发展格局逐步形成

工业和信息化部制定的《中国制造 2025 分省市指南（2016 年）》，以及即将发布的《中国制造 2025 分省市指南（2017 年）》，推动各省市形成因地制宜、特色突出、区域联动、错位竞争的制造业发展新格局，以解决长期以来的重复建设、同质竞争以及产能过剩等问题。根据各地实际情况，《中国制造 2025 分省市指南（2017 年）》给东中西部各省份提供了三种不同的发展思路：东部集中发展高端装备制造、中部继续推动产业升级、西部和老工业区淘汰落后产能并培育新型优势产业。具体而言，2017 年的指南将支持江苏、浙江、广东、山东等东部制造业发达省份发展高端装备制造和战略新兴产业，支持产业基本覆盖《中国制造 2025》提出的十大重点发展领域以及大力发展机器人、增材制造、工业互联网等智能制造产业；安徽、河南、湖南等中部省份，除了挖掘能源开采设备、煤化工装备、基础工艺设备等原有优势产业的潜能外，新能源、新材料、生物制药、信息技术等新兴产业将成为转型升级的重要

---

① 《推进实施〈中国制造 2025〉情况发布》，工信部官网，2015 年 3 月 11 日，见 http://www.miit.gov.cn/n1146290/n4388791/c5530582/content.html。

抓手;对于西部和部分老工业区,除了进一步淘汰落后产能外,将重点培育云计算、大数据和物联网等新兴优势产业。

三、存在的问题

以《中国制造2025》为核心的制造业转型升级的顶层设计基本完成,相关政策规划体系也日趋完善,试点示范也积累了一定的经验,制造业的转型升级进入全面落实阶段。但由于国际环境仍然错综复杂,"逆全球化"思潮和贸易保护主义抬头,不确定因素明显增加,国内经济下行压力仍然较大,部分地区为稳增长仍有"一哄而上"的冲动,部分制造企业经营压力过大、制造业投资尤其是民间投资下滑问题值得重视,这就需要及时审视制造业转型升级相关的政策体系,根据现实情况进行动态调整。

(一)政府引导和市场主导的关系问题

长期以来,中国产业政策具有强选择性的特点,通过投资审批、目录指导、直接补贴企业等手段选择未来优先发展的产业。这种强选择性对于曾处于赶超阶段的中国制造业发展发挥了重要作用,但由于扭曲了市场机制,近年来引发了突出的产能过剩问题。随着中国传统产业投资的饱和,企业需要寻找新的增长点,新产品、新技术、新模式具有不确定性,政府将很难选择应该优先扶持的产业,这个阶段就需要政府制定普惠公平的"市场友好型"产业政策,产业政策由按照目录扶持特定产业转向通过培育公平竞争的市场环境,间接引导市场主体行为,补贴、税收优惠等扶持政策的对象一般前沿技术和公共基础技术的研发领域,且前期补贴规模不应太大,而是更多地发挥引导作用,市场在要素配置中真正起主导作用,促进制造业企业在完善的市场竞争环境下,真正享受到创新的赚钱效应。

　　《中国制造 2025》明确提出市场主导和政府引导的原则,指出无论是政府制定的配套的规划体系,还是五大工程实施指南以及十大重点领域技术线图,政府都只是引导的作用,但在实际落实中,一些行业规划往往还是陷入传统产业政策的窠臼。以机器人产业规划为例,2013年 12 月,工信部出台了《关于推进工业机器人产业发展的指导意见》;2015 年 5 月,工业机器人产业成为《中国制造 2025》十大重点发展领域之一;2016 年 4 月,工信部、国家发展改革委、财政部三部委联合印发了《机器人产业发展规划(2016—2020 年)》。为了落实国家层面的机器人产业政策,地方政府也密集出台扶持政策,截至 2016 年年中,全国有 28 个省和直辖市将机器人产业作为优先发展产业,很多省份和城市建立了产业基金,以支持当地机器人产业发展。2014—2020 年深圳市财政每年都将安排 6860 万欧元,连续七年补助机器人、可穿戴设备和智能装备产业。① 据工信部的数据显示,截至 2016 年 4 月,中国已拥有超过 3400 家机器人企业,仅在东莞一地就有 400 家机器人企业。工业机器人产业"大跃进"必然引发产能过剩、低端恶性竞争和高端升级乏力。据统计,国产机器人中 80%—90% 使用国外减速器,60%—70% 使用国外电机,40%—50% 使用国外控制器。② 机器人产业的发展现状一方面揭示了中央层面产业政策和地方层面扶持政策的不协调问题,地方扶持政策的加总往往超出上一级政府部门规划的目标;另一方面也反映了当前政府的补贴政策,重点关注的仍是终端应用环节,对基础研发、核心零部件以及人才培养等前段环节重视不足,在产业政策落实

---

　　① 冯庆艳:《机器人补贴乱象调查地方"大跃进"拉响过热警报》,经济观察网,2016年 4 月 30 日,见 http://www.eeo.com.cn/2016/0430/285698.shtml。
　　② 张瑜、王元元:《中国机器人年销 4.5 万台世界第一:核心部件全进口》,新浪军事,2015 年 1 月 16 日,见 http://mil.news.sina.com.cn/2015-0116/1007818423.html。

中,真正做到政府引导、市场主导仍有很长的路要走。

（二）传统制造业和新兴制造业的关系问题

传统制造业是新兴技术与新兴制造业发展的重要土壤,新兴制造业的发展过程,也是新兴技术不断应用于传统制造业,促进传统制造业生产模式与组织结构发生根本性变革的过程;高新技术只有应用到复杂的传统产业环境中,与既有的企业和消费者产生互动,才能在试错和学习的过程中不断完善。因此产业政策的实施不仅要着眼于战略性新兴产业的发展,也要关注传统产业的转型升级,特别是通过传统产业与新兴产业的融合,促进制造业核心能力的扩散和增强。《中国制造2025》十大战略重点领域多属于新兴制造业,而制造业转型升级不仅需要通过突破性技术创新构建新兴产业体系,更需要促进先进适用技术在更广大中小企业中推广应用,促进传统产业的转型升级,以解决量大面广的传统制造业领域的效率下滑问题。工业强基工程等政策规划把关键共性技术的研发放在核心位置,但在规划落实过程中,仍存在工艺技术扩散不足的现象,对传统产业改造提升的政策着力不足,《中国制造2025》在这方面仍然有传统产业政策思维倾向。此外,用互联网技术推动传统制造业转型升级已成为地方政府认可的发展路径,纷纷出台相关规划和政策,例如,广东省将用3年左右时间,推动全省50%以上的制造企业完成新一轮技术改造,很多制造企业纷纷利用"互联网+"概念进行资本融资。而实际上,中国还存在大量的劳动密集型企业和中小企业,信息化程度低,在推进互联网等新兴技术改造这些传统行业的时候,一些企业只是将互联网作为一种手段和工具,甚至跟风炒作,而未通过互联网优化企业业务流程和组织体系,使互联网成为企业转型和变革的力量。这同样要求各级政府在推进"互联网+"和制造业融合过程中不宜越俎代庖,而要坚持使市场在资源配置中起决定性作用。

（三）龙头企业与中小企业的关系问题

推进制造业转型升级不仅仅是少数龙头企业面临的任务，更需要众多中小企业的广泛参与，需要全产业链、全环节的推进，形成大中小企业融通发展的生态体系。中国制造业企业发展水平参差不齐，多数中小企业发展水平低，缺乏接入各级制造业转型升级政策规划体系的愿望和能力。在实际的产业政策实施中，各种补贴优惠政策往往优先考虑大企业而忽视中小企业、重视国有企业而轻视民营企业。以机器人产业政策为例，一些地方的纳税企业大户，即使在业内并没有先进的技术和产品，却因在当地纳税规模庞大，而轻松地成为当地机器人补贴政策的"座上宾"，而缺乏政府关系的中小企业却无法获得政府补贴。此外，地方政府往往也会划拨部分补贴资金给当地国有企业，并不考虑其技术能力，有报道称部分机器人领军企业的净利润中，政府补贴占到了30%—68%。[①] 因此，有关制造业转型升级的各层面的政策体系都需要充分考虑，如何才能把针对中小企业的补贴、税收优惠等产业政策落到实处，切实降低中小企业的制度性交易成本。

第二节　构建更加完备的政策支撑体系

推进中国制造业转型升级需要在现行政策支撑体系的基础上继续完善相关政策规划体系，继续本着完善顶层设计和夯实基础能力相结合、稳增长和调结构相结合、引进来和走出去相结合、政府引导和市场

[①] 胡家源：《补贴机器人产业须防过剩风险》，经济观察网，2016 年 5 月 21 日，见 http://www.eeo.com.cn/2016/0521/287486.shtml。

主导相结合、中央加强统筹协调和地方发挥因地施策相结合这五大原则,构建更为完备的转型升级政策支撑体系。

一、体制机制支撑体系

(一)大力推进简政放权,深化行政审批制度改革,落实企业投资主体地位

由中央政府充当创新主角对存量审批制度进行根本变革,要规范行政审批事项、简化程序、明确时限,适时修订政府核准的投资项目目录,真正做到由管制走向放松管制,以降低制度性交易成本,进一步减轻企业负担,实施涉企收费清单制度,取缔各种不合理收费与摊派,加强监督检查与问责。健全法律法规,全面推进依法行政,通过制定权力清单,明确哪些该保留、哪些该下放、哪些该废除,逐步把权力交还市场和社会,并以立法形式固定下来;通过建立责任清单,明确政府各部门必须承担的责任,通过编制各部门的责任清单,将责任分工细化公示,接受社会监督;通过建立负面清单,最大限度地减少烦琐的行政审批手续。

(二)创新政府管理方式,强化制造业行业自律和公共服务能力建设,提高产业治理水平

各级政府在加强制造业发展战略、规划、政策、标准的制定和实施的同时,把主要职责转向提供公共物品和公共服务,着力于制度供给,鼓励引导市场组织与社会组织自行规范准入门槛和创新行业行为制度,实现政府、市场和社会三者的合作治理。首先要拓宽行业协会的发展门类,按照市场化原则,推进去垄断、去行政化的改革,重点培育一批具有优势产业、高端产业、新兴产业的行业协会,为制造业升级提供创新升级的服务水平;二是通过政府购买服务激发制造行业社会组织活

力,以将社会领域中一些零散的社会资源整合起来,以组织的方式提供相应的服务,这既是制造业用活用好社会资源的有效路径,也是强化制造业行业公共服务能力的具体体现;三是推进合作协调能力,主要包括在制造业公共服务上的合作协调能力,在制造业相关政策制定及执行上的合作协调能力,在制造业相关前沿话题上的协商互动的协调能力,以及在国际制造业合作中与政府进行协调配合的能力。

二、市场环境支撑体系

(一)以市场化手段倒逼转型升级

完善生产要素由市场决定价格的机制,合理配置公共资源,推行节能量、碳排放权、排污权、水权交易制度改革,加快资源税从价计征,推动环境保护费改税;实施科学规范的行业准入制度,制定和完善制造业节能、节地、节水、环保、技术、安全等准入标准,加强对国家强制性标准实施的监督检查、统一执法,以市场化手段引导企业进行转型升级。

(二)加强监管为企业创造良好的生产经营环境

加快发展技术市场,健全知识产权创造、运用、管理和保护机制,打击制售假冒伪劣行为,严厉惩处市场垄断和不正当竞争行为。推进制造企业信用体系建设,建设中国制造信用数据库,建立健全企业信用动态评价、守信激励和失信惩戒机制。强化企业社会责任建设,推行企业产品标准、质量、安全自我声明和监督制度。要严格执行环保、能耗、质量、安全等相关法律法规和标准,更多运用市场化、法治化手段,坚决淘汰不达标的落后产能,为发展新兴产业腾出能源、资源、市场空间和环境容量。完善淘汰落后产能工作涉及的职工安置、债务清偿、企业转产等政策措施,健全市场退出机制。深化国有企业改革,建立以"管资本"为主的国有资产管理体制,在国有经济战略性布局调整和完善现代企业治理结构等方面迈出实质性的步伐,有序发展混合所有制经济,进一步破除各种形式的行业垄断,取消对非公有制经济的不合理限制,营造公平竞争的市场环境。

三、科技服务支撑体系

(一)构建科技基础设施、共性研发服务和技术扩散服务三位一体的科技服务体系

积极借鉴发达国家工业化后期的成熟经验,逐步构建提升企业技术创新能力和市场竞争能力的科技服务体系:在科技基础设施领域,可以学习借鉴美国劳伦斯伯克利国家实验室和布鲁克海文国家实验室的运行经验,建立任务导向型、面向战略性前沿技术研究的,在人事、财务、管理等方面都有独立自主权的研究主体;在共性研发服务领域,学习德国的弗劳恩霍夫协会的经验做法,通过构建政产学研用的创新机制,解决当前面临的竞争前技术即共性技术的供给不足问题;在技术扩散服务领域,学习借鉴日本的"技术咨询师"和澳大利亚"管理顾问"的经验做法,培育、认证具备丰富的生产管理经验和现代工艺知识的专家队伍,为企业提供质量管理、现场管理、流程优化等方面的培训与咨询[1],促进先进适用工艺技术向广大中小微企业扩散,从生产工艺层面切实推动企业制造转型升级。

(二)完善政产学研用协同创新机制,推动军民融合深度发展

完善国家制造业创新体系,以弥补创新链上实验室到首次商业化之间的缺失环节为导向,突出体制机制创新,以企业为主体联合高校与科研院所,在现有基础上加快推进增材制造、机器人等创新中心的建

---

[1] 贺俊:《产业政策批判之再批判与"设计得当"的产业政策》,《学习与探索》2017年第1期,第89—96页。

设,推动省级创新中心建设,开展共性关键技术研发与产业化应用示范,解决行业共性技术供给不足等难题。改革技术创新管理体制机制和项目经费分配、成果评价与转化机制,促进科技成果资本化、产业化,激发制造业创新活力。稳步推进国防科技工业改革,加快推进军品科研生产的结构调整,建立健全小核心、大协作、专业化、开放型的武器装备科研生产体系,促进军民两用技术的双向转化,推动军民融合型产业的快速发展,形成对制造业转型升级强大的牵引力。

四、金融财税政策支撑体系

(一)深化金融领域改革,拓宽制造业融资渠道,降低融资成本

积极发挥政策性金融和商业金融的优势,加大对新一代信息技术、高端装备、新材料等重点领域的支持力度;支持中国进出口银行加大对制造业走出去的服务力度,鼓励国家开发银行增加对制造业企业的贷款投放,引导金融机构创新符合制造业企业特点的产品和业务;健全多层次资本市场,推动区域性股权市场规范发展,支持符合条件的制造业企业在境内外上市融资、发行各类债务融资工具;引导风险投资、私募股权投资等支持制造业企业创新发展,鼓励符合条件的制造业贷款和租赁资产开展证券化试点;支持重点领域大型制造业企业集团开展产融结合试点,通过融资租赁方式促进制造业转型升级;探索开发适合制造业发展的保险产品和服务,鼓励发展贷款保证保险和信用保险业务;在风险可控和商业可持续的前提下,通过内保外贷、外汇及人民币贷款、债权融资、股权融资等方式,加大对制造业企业在境外开展资源勘探开发,设立研发中心、高技术企业以及收购兼并的支持力度。

(二)充分利用现有渠道,加强财政资金对制造业的支持

引导财政资金重点投向智能制造、“四基”发展、高端装备等制造

业转型升级的关键领域,为制造业发展创造良好的政策环境;运用政府和社会资本合作(PPP)模式,引导社会资本参与制造业重大项目建设、企业技术改造以及关键基础设施建设;创新财政资金支持方式,逐步从"补建设"向"补运营"转变,提高财政资金使用效益;深化科技计划管理改革,支持制造业重点领域的科技研发和示范应用,促进制造业技术创新、转型升级与结构布局调整;完善和落实支持创新的政府采购政策,推动制造业创新产品的研发和规模化应用;落实和完善使用首台或首套重大技术装备的鼓励政策,健全研制、使用单位在产品创新、增值服务与示范应用环节的激励约束机制;实施有利于制造业转型升级的税收政策,推进增值税改革,完善企业研发费用税收抵扣方法,切实减轻制造企业的税收负担。

五、中小微企业支撑体系

(一)落实和完善支持小微企业发展的财税金融优惠政策

发挥财政资金杠杆作用,引导社会资本设立国家中小企业发展基金,优化中小企业发展专项资金使用重点和方式;支持符合条件的民营资本依法设立中小型银行等金融机构,鼓励商业银行加大对小微企业金融服务的专营机构建设力度,建立完善小微企业融资担保体系,创新产品和服务;加快构建中小微企业征信体系,积极发展面向小微企业的融资租赁、知识产权质押贷款、信用保险保单质押贷款;建设完善中小企业创业基地,引导各类创业投资基金投资小微企业。

(二)完善科技型中小微企业公共服务体系

针对中小微企业创新的现实需求,大力推动事业性科技服务机构、公私合作的科技服务机构以及商业性的数据库以及高性能运算服务机构,以事业性的服务机构满足科技型中小微企业的"基本"服务需求,以公私合作与商业性的服务机构满足科技型中小企业的"高级"服务需求;鼓励大学、科研院所、工程中心等对中小微企业开放共享各种实验设施,完善中小微企业公共服务平台网络,鼓励各类服务平台建立跨地区的服务机制和信息互联互通机制,为中小微企业提供创业、创新、融资、咨询、培训、人才等方面的专业化服务;着力建设国家、省、市三级综合性科技服务体系,综合性服务机构通过整合各类科技信息和资源,促进科技型中小企业和各类科技服务的合作与对接;充分调动退休企业家、研发人员、工程师等专业人员加入科技型中小微企业服务队伍中,鼓励这类人员以全职、兼职或志愿的形式积极参与事业性服务机构、公私合作服务机构或非政府组织开展的各类服务活动中来,提高中小微企业科技服务的质量。

六、人才政策支撑体系

(一)完善全产业链人才培养体系

以提高经营管理水平和企业竞争力为核心,实施企业经营管理人才素质提升工程和国家中小企业银河培训工程,培养一批优秀企业家和高水平经营管理人才;以高层次专业技术人才和创新型人才为重点,实施专业技术人才知识更新工程和先进制造卓越工程师培养计划,在高校建设一批工程创新中心,培育高素质专业技术人才队伍;以实用技术、技能型人才为导向,强化职业教育和技能培训,引导一批普通本科高等学校向应用技术类高等学校转型,建立一批实训基地,开展现代学徒制试点,培养一批技艺精湛的技能人才队伍;以产学研结合为方向,改革相关领域工程博士、硕士专业学位研究生招生和培养模式,鼓励企业与学校合作,培养制造业急需的科研人员、技能人才和复合型人才。

（二）建立健全人才使用体制机制

加强制造业行业人才需求预测,完善各类人才信息库,构建产业人才评价制度与信息发布平台;建立人才激励机制,加大对优秀人才的表彰与奖励力度;建立完善制造业人才服务机构,健全人才流动和使用的体制机制;选拔各类优秀专业技术人才到国外学习培训,探索建立国际培训基地;加大制造业引智力度,引进领军人才与紧缺人才。

七、区域战略支撑体系

（一）积极推进"一带一路"倡议,推动工业生产要素在更大空间范围内进行有效配置

大力推进制造企业"走出去"与"一带一路"沿线国家开展产能合作,重点推动钢铁、有色、建材、工程机械、化工、轻纺、铁路、船舶、通信以及海洋工程等领域的合作,以工程承包、运营投资、工程建设、技术援助等方式落实一批重点产能合作项目,推动建立一批境外产能合作示范基地和工业园区,培育一批产能国际合作的骨干企业,以此带动国内和沿线国家制造业的转型升级。

（二）积极推进国内区域发展战略,实现工业生产要素区域间有效配置

积极推进京津冀协同发展、长江经济带和东北老工业基地振兴等区域发展战略,进一步优化工业资源的区域配置,促进生产要素区域间合理流动和产业价值链合理布局,逐步打造制造业发展的新生态系统,为转型升级提供足够的腾挪空间;通过处置"僵尸企业"、化解过剩产能、房地产去库存、去杠杆,降低以企业制度性交易成本、人工成本、财务成本、能源成本、物流成本为主的综合成本,以补先进制造业方面的"短板"等方式,推动区域内产业对接和生态环境保护,统筹规划区域

内制造业转型升级。

八、对外开放支撑体系

(一)深化"引进来"体制机制改革

深化外商投资管理体制改革,建立外商投资准入前国民待遇加负面清单管理机制,落实备案为主、核准为辅的管理模式,营造稳定、透明、可预期的营商环境;全面深化外汇管理、海关监管、检验检疫管理改革,提高贸易投资便利化水平;进一步放宽市场准入,修订钢铁、化工、船舶等产业政策,支持制造业企业通过委托开发、专利授权、众包众创等方式引进先进技术与高端人才,推动利用外资方式由引进技术、资金、设备向合资合作开发、对外并购和引进领军人才转变。

(二)深化"走出去"体制机制改革

加强对外投资立法,强化制造业企业"走出去"法律保障,规范企业境外经营行为,维护企业合法权益;探索利用产业基金、国有资本收益等方式支持高铁、电力装备、汽车、工程施工等装备和优势产能走出去,实施海外投资并购。

第六章　本书核心观点

一、中国制造业转型升级的三个阶段

新中国成立以来中国制造业大致经历了"从无到有、从少到多、从大到强"三个阶段。

从无到有阶段（1949—1978 年）：中国制造实现了从无到有的转变，建立了钢铁、有色金属冶炼、石油化工、重型机械装备制造、机床制造、航空、船舶、机车、汽车、电子、航天、原子能等现代工业部门，形成了独立完整的现代工业体系。

从少到多阶段（1979—2009 年）：从改革开放到 21 世纪初的近 30 年的时间里，中国制造业实现了从少到多的转变，工业增加值由 1978 年的 1607.0 亿元增长到 2013 年的 210689.4 亿元，按可比价格计算，增长了 40.6 倍，年均增长 10%。这一时期，中国制造业在规模上经历了赶超主要发达经济体的过程，制造业增加值在 1993 年超过法国，1995 年超过英国，2006 年超过日本成为世界第二制造大国。2008 年超过美国成为第一制造大国。制造业增加值在 2009 年突破 2 万亿美元，达到 20499 亿美元，占世界制造业增加值比重达 21.22%。

从大到强阶段（2010 年至今）：进入 21 世纪特别是近 10 年来，中国制造业进入由大到强的转变阶段,在经历前两个阶段的"补短"式发展后,中国制造业规模快速扩大,产业结构日臻完备,成为全球规模最大、结构最完备的产业体系。此时,如何通过转型升级为国民创造更多的价值,改变在全球价值链分工中受制于人的局面,就成为中国制造业进一步发展需要解决的首要问题,中国制造业的发展任务应转向以提高生产要素使用效率为主导,在产业结构和技术水平上全面缩小与制造强国之间的差距,实现从制造业大国向制造业强国的转变。

二、中国制造业发展的纵横向对比

从纵向历史发展看,中国制造业已经取得很大成就,但从横向国别对比看,中国制造业与世界制造强国仍存在巨大差距。

五大方面的成就:一是已成为世界第一制造大国,制造业国际竞争力大幅提升,制造业规模不断扩大。二是自主创新能力显著增强,部分关键领域技术水平位居世界前列,新产业、新产品、新技术快速成长,制造业信息化程度不断提升。三是制造业内部结构进一步调整,发展的质量和效益明显提升,智能制造、高速轨道交通等重点行业先进产能比重快速提高,淘汰落后产能取得积极进展。四是工业资源能源消耗强度逐步降低,绿色发展能力不断增强。五是制造业集聚水平逐步提升,空间结构不断优化。

六大方面的差距:一是制造业自主创新能力的差距,在研发投入规模和投入结构上存在较大差距,制造企业自主创新动力不足,产学研协同创新体制尚未形成,产业共性技术的研发和产业化主体弱化。二是制造业缺乏世界知名品牌,产品质量和技术标准整体水平不高,制造业每年直接质量损失超过 2000 亿元,间接损失超过万亿元。三是生产要素利用效率的差距,能源资源利用效率低下,2015 年中国煤炭消费量为 39.65 亿吨,占世界煤炭消费量的 50%,钢铁消费量为 10.2 亿吨;基础制造工艺绿色化水平不高,产品(零部件)制造精度低,材料及能源消耗大,工业生产污染排放量相对较高。四是制造业内部结构差距,低端行业产能过剩,技术密集型产业短缺。五是产业融合的差距,两化融合远远不够:中国的信息化水平仍然不高,两化融合仍有巨大潜力可挖,信息基础设施建设和应用水平仍滞后于发达国家,制造业服务化水平需要加强。六是在国际分工中地位的差距,中国制造业处于国际垂直分工体系的中低端,在国际价值链分工中,长期处于"微笑曲线"底部。

三、世界制造强国的转型升级之路

英国:英国的制造业转型升级具有典型的内生性特征。制造业首先依托本国资源禀赋产业成为支柱产业,进而依靠殖民地的市场规模和原材料供应,不断发展壮大,其制造业转型升级遵循串联式演进规律,工业化的过程大致沿着轻工业—重化工业—高度加工化—技术集约化这一串联式的演进路径进行。

美国:技术创新是美国制造业转型升级的原动力,产业政策和巨大的国内市场规模对制造业转型升级拉动作用明显,通过跨国公司主导国际分工的形式,占据全球制造业价值链高端来促进制造业转型升级。

德国:持续渐进式创新是德国制造业不断升级的根本动力;中小企业是推动德国制造业不断升级的"隐形冠军";多元主体分工合作的创新体系是德国制造业转型升级的制度保障;全方位教育体系为制造业转型升级提供了人力资本支撑。

日本:"赶超式"产业政策为日本制造业转型升级提纲契领;引进、吸收、再创新的技术发展模式是制造业转型升级的动力源;出口导向战略是日本制造业结构升级的助推器;雁行发展模式是日本制造业转型升级的重要手段。

四、美国、德国制造业转型升级的启示

美国制造业创新网络计划与德国"工业4.0"在对新工业革命的划分方式、对新工业革命的实现路径、对制造业创新环节的侧重点三方面存在不同,但都对中国制造业转型升级相关战略实施有借鉴意义。

美国制造业创新中心对中国制造业创新中心的启示:制造业创新中心应依托某一区域、瞄准某一特定技术领域构建创新生态系统;制造业创新中心应遵循"政府领投、专业运营、市场买单"的商业原则;制造业创新中心应强化先进技术商业化前的研发和商业化后的推广环节;制造业创新中心应该充分发挥行业内中小企业的创新作用。

德国"工业4.0"对"中国制造2025"的启示:把握智能制造这一主攻方向;不断提高产业创新能力;坚持人的核心地位;应充分重视信息安全;进一步拓宽中德合作领域。

五、中国制造业转型升级的机遇和挑战

新一轮技术革命与产业变革背景下,中国制造业的转型升级面临新的机遇与挑战,需要在诠释转型升级新的内涵的基础上,探索转型升级的动力与路径。新背景下,中国制造业转型升级将面临三大机遇:庞大而多层次的国内市场为资本品制造业转型升级提供多样化的实现条件;巨大而差异化的消费市场为消费品制造业转型升级提供战略纵深;较高的创新积累为吸收、融合全球的创新要素进行制造业创新系统升级创造条件。也将面临三大挑战:知识、技能型劳动力的匮乏将是中国制造业转型升级的薄弱环节;新的制造范式对企业管理模式的匹配性

提出更大的挑战;新技术革命可能改变"微笑曲线"的形状并对中国制造业升级形成抑制。中国制造业转型升级的内涵也相应发生了变化,即制造业转型升级不是简单地"去制造"的过程,也不是一味地"追高端"的过程,而是逐步向系统化、生态化方向转变。

中国制造业转型升级将不仅仅是某个环节的升级,而是整个制造业生态系统的升级,这意味着转型升级的动力和路径也将是多元化、系统化的,中国制造业的转型升级将在创新驱动、"互联网+"、质量支撑、绿色制造、人才为本五大动力的驱动下,沿着如下路径转型升级:完善一个体系:制造业创新体系;培育两种精神:企业家精神、工匠精神;发展三大模式:智能制造、服务型制造、绿色制造;夯实四个基础(四基):核心基础零部件(元器件)、先进基础工艺、关键基础材料和产业技术基础;推进五大工程:制造业创新中心(工业技术研究基地)建设工程、智能制造工程、工业强基工程、绿色制造工程、高端装备创新工程。

参考文献

［1］Ernst Dieter:《先进制造业和中国就业的未来》,《美国东西方研究中心创新和经济增长系列》2016 年第 8 期。

［2］R.比克·莱瑟:《智能制造:全球工业大趋势、管理变革与精益流程再造》,人民邮电出版社 2016 年版。

［3］阿尔冯斯·波特霍夫、恩斯特·安德雷亚斯·哈特曼:《工业4.0——开启未来工业的新模式、新策略和新思维》,机械工业出版社2015 年版。

［4］阿盖什·约瑟夫:《德国制造:国家品牌战略启示录》,中国人民大学出版社 2016 年版。

［5］安格斯·麦迪森:《世界经济千年史》,北京大学出版社 2013年版。

［6］蔡昉、都阳:《积极应对我国制造业单位劳动力成本过快上升问题》,《前线》2016 年第 5 期。

［7］蔡昉、王德文、曲玥:《中国产业升级的大国雁阵模型分析》,《经济研究》2009 年第 9 期。

［8］曹顺妮:《工匠精神:开启中国精造时代》,机械工业出版社2016 年版。

［9］陈佳贵、黄群慧:《工业大国国情与工业强国战略》,社会科学

文献出版社 2012 年版。

[10]陈羽、邝国良:《"产业升级"的理论内核及研究思路述评》,《改革》2009 年第 10 期。

[11]陈志文:《"工业 4.0"在德国:从概念走向现实》,《世界科学》2014 年第 5 期。

[12]程虹、陈昕洲、罗连发:《质量强国战略若干重大问题研究》,《宏观质量研究》2013 年第 12 期。

[13]程虹、宋菲菲:《新常态下企业经营绩效的下降:基于企业家精神的解释》,《武汉大学学报》(哲学社会科学版)2016 年第 1 期。

[14]储玉坤、孙宪钧:《美国经济》,人民出版社 1990 年版。

[15]崔日明、张婷玉:《美国"再工业化"战略与中国制造业转型研究》,《经济社会体制比较》2013 年第 6 期。

[16]丁纯、李君扬:《德国"工业 4.0":内容动因与前景及其启示》,《德国研究》2014 年第 4 期。

[17]丁建弘:《德国通史》,上海社会科学院出版社 2002 年版。

[18]杜传忠、杨志坤:《德国工业 4.0 战略对中国制造业转型升级的借鉴》,《经济与管理研究》2015 年第 7 期。

[19]杜传忠、冯晶、李雅梦:《我国高技术制造业低端锁定及其突破路径实证分析》,《中国地质大学学报》(社会科学版)2016 年第 7 期。

[20]付向核、孙星:《解读德国工匠精神创新中国工业文化》,《中国工业评论》2016 年第 6 期。

[21]金碚:《企业对创新应有更全面认识,要有工匠精神》,《中国集体经济》2015 年第 17 期。

[22]傅耀:《产业升级、贸易政策与经济转型》,《当代财经》2008

年第 4 期。

[23]葛树荣、陈俊飞:《德国制造业文化的启示》,《企业文明》2011 年第 8 期。

[24]国家发展和改革委员会产业经济与技术经济研究所课题组:《降低我国制造业成本的关键点和难点研究》,《经济纵横》2016 年第 4 期。

[25]国家行政学院经济学教研部:《中国供给侧结构性改革》,人民出版社 2016 年版。

[26]国家行政学院经济学教研部:《中国经济新常态》,人民出版社 2015 年版。

[27]国家行政学院经济学教研部:《中国经济新方位》,人民出版社 2017 年版。

[28]国务院发展研究中心:《我国产业结构升级面临的风险和对策》,《经济研究参考》2010 年第 13 期。

[29]韩红丽、刘晓君:《产业升级再解构:由三个角度观照》,《改革》2011 年第 1 期。

[30]贺俊:《调整新经济结构性产业政策指向》,《中国社会科学报》2016 年 9 月 21 日。

[31]贺俊:《产业政策批判之再批判与"设计得当"的产业政策》,《学习与探索》2017 年第 1 期。

[32]贺正楚、潘红玉:《德国工业 4.0 与中国制造 2025》,《长沙理工大学学报》(社会科学版)2015 年第 3 期。

[33]洪银兴:《产业结构转型升级的方向和动力》,《求是学刊》2014 年第 1 期。

[34]华璐、沈慈晨:《德国制造:一个国家品牌如何跑赢时间》,重

庆出版社 2015 年版。

［35］黄群慧、贺俊:《"第三次工业革命"制造的重新定义与中国制造业发展》,《工程研究——跨学科视野中的工程》2013 年第 2 期。

［36］黄群慧、霍景东:《〈中国制造 2025〉战略下制造业服务化的发展思路》,《中国工业评论》2015 年第 11 期。

［37］黄群慧:《论中国工业的供给侧结构性改革》,《中国工业经济》2016 年第 9 期。

［38］黄阳华、卓丽洪:《美国"再工业化"战略与第三次工业革命》,《中国党政干部论坛》2013 年第 10 期。

［39］黄阳华:《德国"工业 4.0"计划及其对我国产业创新的启示》,《经济社会体制比较》2015 年第 2 期。

［40］加里·皮萨诺、威利·史:《制造繁荣:美国为什么需要制造业复兴》,机械工业出版社 2014 年版。

［41］贾根良:《第三次工业革命与新型工业化道路的新思维——来自演化经济学和经济史的视角》,《中国人民大学学报》2013 年第 2 期。

［42］江飞涛、李晓萍:《当前中国产业政策转型的基本逻辑》,《南京大学学报》2015 年第 3 期。

［43］江飞涛、武鹏、李晓萍:《中国工业经济增长动力机制转换》,《中国工业经济》2014 年第 5 期。

［44］江飞涛:《实施中国制造强国战略的政策体系研究》,《中国工程科学》2015 年第 7 期。

［45］江小涓:《产业结构优化升级:新阶段和新任务》,《财贸经济》2005 年第 4 期。

［46］蒋兴明:《产业转型升级内涵路径研究》,《经济问题探索》

2014 年第 12 期。

[47]杰里米·里夫金:《第三次工业革命:新经济模式如何改变世界》,中信出版社 2012 年版。

[48]金碚、吕铁、邓洲:《中国工业结构转型升级:进展、问题与趋势》,《中国工业经济》2011 年第 2 期。

[49]金碚:《中国制造 2025》,中信出版集团 2015 年版。

[50]克劳斯·施瓦布:《第四次工业革命》,中信出版集团 2016 年版。

[51]李宏伟、别应龙:《工匠精神的历史传承与当代培育》,《自然辩证法研究》2015 年第 8 期。

[52]李杰:《工业大数据——工业 4.0 时代的工业转型与价值创造》,机械工业出版社 2015 年版。

[53]李金华:《世界制造强国行动框架对中国的借鉴启示》,《人文杂志》2016 年第 5 期。

[54]李金华等:《中国现代制造业体系论》,中国社会科学出版社 2015 年版。

[55]李俊、胡峰:《欧美再工业化五年后中国制造业比较优势现状、原因及对策》,《经济问题探索》2016 年第 6 期。

[56]刘俊博:《全球制造业变革中的中国制造:工业互联网与产业转型》,《常州工学院学报》2015 年第 1—2 期。

[57]李廉水:《中国制造业发展研究报告 2015》,北京大学出版社 2016 年版。

[58]李培育:《落后地区产业升级战略中的需求分析》,《管理世界》2003 年第 7 期。

[59]李平、江飞涛、王宏伟:《信息化条件下的产业转型与创新》,

《工程研究——跨学科视野中的工程》2013年第5期。

［60］李晓华：《生产要素价格上涨与中国工业发展模式转型研究》，经济管理出版社2016年版。

［61］李晓华：《中国工业的发展差距与转型升级路径》，《经济研究参考》2013年第51期。

［62］利伟诚：《美国制造》，东方出版社2012年版。

［63］林毅夫、蔡昉、李周：《中国的奇迹：发展战略与经济发展》，上海人民出版社1999年版。

［64］林玉伦：《中国制造业现状与国际比较研究》，《华北电力大学学报》（社会科学版）2010年第3期。

［65］刘九如：《"工业4.0"中国版：两化深度融合》，《中国信息化》2014年第8期。

［66］刘涛雄、罗贞礼：《从传统产业政策迈向竞争与创新政策——新常态下中国产业政策转型的逻辑与对策》，《理论学刊》2016年第3期。

［67］刘唯：《"互联网+"时代中国产业转型升级的路径研究》，《工业经济论坛》2016年第4期。

［68］刘维林：《产品架构与功能架构的双重嵌入——本土制造业突破GVC低端锁定的攀升途径》，《中国工业经济》2012年第1期。

［69］刘志彪：《全球代工体系下发展中国家俘获型网络的形成、突破与对策——基于GVC与NVC的比较视角》，《中国工业经济》2007年第5期。

［70］柳百成：《中国制造业现状及国际先进制造技术发展趋势》，《世界制造技术与装备市场》2015年第4期。

［71］隆国强：《全球化背景下的产业升级新战略——基于全球生

产价值链的分析》,《国际贸易》2007 年第 7 期。

[72]吕本友、陈南通:《英、日、美的创新之路》,《经济管理》2006 年第 1 期。

[73]吕薇:《中国制造业创新与升级——路径、机制与政策》,中国发展出版社 2013 年版。

[74]吕政:《中国经济新常态与制造业升级》,《财经问题研究》2015 年第 10 期。

[75]栾群、郭灵康:《弘扬"工匠精神" 呼唤有效制度供给》,《前线》2016 年第 7 期。

[76]罗兰·贝格、王一鸣、郑新立、李稻葵等:《弯道超车:从德国工业 4.0 到中国制造 2025》,上海人民出版社 2015 年版。

[77]迈克尔·波特:《国家竞争优势》,华夏出版社 2002 年版。

[78]苗圩:《加快建设制造强国》,《人民日报》2015 年 12 月 2 日。

[79]潘悦:《在全球化产业链条中加速升级换代——我国加工贸易的产业升级状况分析》,《中国工业经济》2002 年第 6 期。

[80]裴长洪、于燕:《德国"工业 4.0"与中德制造业合作新发展》,《财经问题研究》2014 年第 10 期。

[81]芮明杰:《新一轮工业革命正在叩门,中国怎么办?》,《当代财经》2102 年第 8 期。

[82]芮明杰:《第三次工业革命与中国选择》,上海辞书出版社 2013 年版。

[83]上海质量管理科学研究院课题组:《中国制造业品牌现状、问题及成因》,《上海质量》2016 年第 6 期。

[84]沈坤荣、徐礼伯:《中国产业结构升级:进展、阻力与对策》,《学海》2014 年第 1 期。

［85］盛朝迅：《构建国家创新网络的国际经验与中国路径》，《宏观经济研究》2017 年第 1 期。

［86］斯特凡·泰尔：《众厂之厂——德国制造业制胜全球化时代》，《装备制造》2008 年第 4 期。

［87］孙理军、严良：《全球价值链上中国制造业转型升级绩效的国际比较》，《宏观经济研究》2016 年第 1 期。

［88］孙自铎：《结构调整思路：由产业升级转向产品、技术升级》，《江淮论坛》2003 年第 3 期。

［89］汤杰新、薛佩佩、唐德才：《"互联网+"助力中国制造业转型升级》，《改革与开放》2016 年第 11 期。

［90］汤之上隆：《失去的制造业：日本制造业的败北》，机械工业出版社 2015 年版。

［91］瓦科拉夫·斯米尔：《国家繁荣为什么离不开制造业》，机械工业出版社 2015 年版。

［92］王岚、李宏艳：《中国制造业融入全球价值链路径研究——嵌入位置和增值能力的视角》，《中国工业经济》2015 年第 2 期。

［93］王喜文：《中国制造 2025 解读：从工业大国到工业强国》，机械工业出版社 2015 年版。

［94］王岳平：《促进我国产业结构优化升级的着力点》，《宏观经济研究》2008 年第 11 期。

［95］魏浩、郭也：《中国制造业单位劳动力成本及其国际比较研究》，《统计研究》2013 年第 8 期。

［96］乌尔里希·森德勒：《工业 4.0——即将来袭的第四次工业革命》，机械工业出版社 2015 年版。

［97］巫云仙：《"德国制造"模式：特点、成因和发展趋势》，《政治

经济学评论》2013 年第 3 期。

[98]吴崇伯:《论东盟国家的产业升级》,《亚太经济》1998 年第 1 期。

[99]吴海民:《要素成本膨胀、"荷兰病"与中国制造业"空心化":基于世界工厂全球迁徙现象的分析》,《发展研究》2016 年第 12 期。

[100]亚力克·福奇:《工匠精神》,浙江人民出版社 2014 年版。

[101]杨丹辉:《中国成为"世界工厂"的国际影响》,《中国工业经济》2005 年第 9 期。

[102]杨青龙、刘启超:《综合成本上涨对产业升级的影响:文献综述》,《江淮论坛》2015 年第 5 期。

[103]野口悠纪雄:《日本的反省:制造业毁灭日本》,东方出版社 2014 年版。

[104]游五洋:《"互联网+"——驱动传统产业转型升级》,《统计科学与实践》2015 年第 7 期。

[105]余东华、胡亚男、吕逸楠:《新工业革命背景下"中国制造 2025"的技术创新路径和产业选择研究》,《天津社会科学》2015 年第 4 期。

[106]张纲:《中国制造的质量创新》,《上海质量》2016 年第 11 期。

[107]张平:《全球价值链分工与中国制造业成长》,经济管理出版社 2014 年版。

[108]张其仔:《比较优势的演化与中国产业升级路径的选择》,《中国工业经济》2008 年第 9 期。

[109]张其仔:《中国能否成功地实现雁阵式产业升级》,《中国工业经济》2014 年第 6 期。

［110］张瑞敏:《靠持续创新保持共产党员的先进性》,《前线》2005年第 20 期。

［111］张维迎:《"企业家 4.0"要从套利转向创新》,《商周刊》2016年第 6 期。

［112］张耀辉:《产业创新:新经济下的产业升级模式》,《数量经济技术经济研究》2002 年第 1 期。

［113］张占斌、冯俏彬:《创新政府监管方式,加快发展新经济》,《行政管理改革》2016 年第 9 期。

［114］张占斌:《振兴实体经济抓住了供给侧改革"牛鼻子"》,《中国经济时报》2016 年 12 月 29 日。

［115］章立东:《"中国制造 2025"背景下制造业转型升级的路径研究》,《江西社会科学》2016 年第 4 期。

［116］赵婉妤、王立国:《中国产业结构转型升级与金融支持政策——来自美国和德国的工业借鉴》,《财经问题研究》2016 年第 3 期。

［117］赵彦云、秦旭、王杰彪:《"再工业化"背景下的中美制造业竞争力比较》,《经济理论与经济管理》2012 年第 21 期。

［118］郑立伟:《制造质量强国指标体系研究》,《中国工程科学》2015 年第 7 期。

［119］中国经济时报制造业调查组:《中国制造业大调查:迈向中高端》,中信出版集团 2016 年版。

［120］周凯歌、卢彦:《工业 4.0:转型升级路线图》,人民邮电出版社 2016 年版。

［121］朱卫平:《产业升级的内涵与模式研究——以广东产业升级为例》,《经济学家》2011 年第 2 期。

［122］Gereffi, G., "International Trade and Industrial Upgrading in

The Apparel Commodity Chain", *Journal of International Economics*, Vol. 48,1999,pp.37-70.

[123] Hummels, D., "The Nature and Growth of Vertical Specialization in World Trade", *Journal of International Economics*, Vol.5, 2001,pp.75-96.

[124] J.Humphrey,H.Schmitz., "How Does Insertion in Global Value Chains Affect Upgrading in Industrial Clusters? ", *Regional Studies*, Vol. 36,No.9,2002,pp.1017-1027.

[125] Kaplinsky,R., "Globalization and Unequalisation:What Can Be Learned from Value Chain Analysis? ", *Journal of Development Studies*, Vol.37,No.2,2000,pp.117-146.

[126] Karl Ulrich, "The Role of Product Architecture in The Manufacturing Firm", *Research Policy*,No.24,1995,pp.419-441.

[127] Nico Voigtlaender, "Skill Bias Magnified:Intersectoral Linkages and White-collar Labor Demand in U. Manufacturing", *The Review of Economics and Statistics*, Vol.96,No.3,2014,pp.495-513.